新潮文庫

超・居酒屋入門

太田和彦著

目次

はじめに

基礎編

実技編

実践編

超・居酒屋入門

はじめに　一人で居酒屋へ

あなたは一人で居酒屋に入ったことがありますか？　それもはじめての店に。

当たり前だ、という人もいれば、いやそれがという人もいるだろう。まったく酒を飲まない人は別として、居酒屋に入ったことのない人はいないと思うが、その多くは会社の同僚であれ、学生時代の友人であれ二人以上だろう。また歓送迎会や忘年会となれば大人数の宴会だ。そうでなく自分一人、それも誰かと飲んだ帰りのもう一杯ではなく、その日の最初の酒だ。

これは慣れてしまえば（こんな事慣れなくてもよいだろうけど）どうというものでもないが最初は案外迷うものだ。まず、行くか行かないかの決断。一日の仕事を終え、ちょっと一杯やって帰りたい気持ちになり気心知れたのを誘うけれど、都合が合わなかったり、いなかったりする。

どうするか。まっすぐ帰るか、映画でも見るか。その決断をせねばならない。これが逆に誰かが誘ってくれたのであれば気は楽で、少々仕事が残っていても「ヨーシ、あとは明日」と腰が上がるのだが。何事も一人で決断し行動する事の難しさがここにある、とは大げさだけど、組織で動く会社人間になりきっていると案外こんな決断もできない。

「よし行くぞ」と心に決めると次に「どこへ」という問題がある。なじみの店か一度でも入った店があれば随分、不安感は除かれる。しかしそれがない場合もある。例えば会社から遠い所で仕事が終わり、そのまま帰るとき、あるいは一人での出張先など。一人の出張は夕食ひとつとっても、さてどこへ入るか決めるのは難しいもので、結局つまらないなあと思いながらホテルのレストランでビールの一、二本も飲んでおしまいになったりする。

その時のためにというわけでもないが、私は、一人ではじめての居酒屋にスッと入り、その店を楽しんできれいに帰ることのできる男、になることを提唱したい。「そんなのできるようにならなくていい！」と女房の金切声がきこえてきそうだけど構うものか。男もいい歳《とし》になれば居酒屋くらいスッと入れるようにならなければいけないのだ。

居酒屋で一人静かに酒を飲むのはよいものだ。当たり前だけれど自分一人なので誰への気がねもいらない。好きなものを注文し、それを肴《さかな》に自分のペースで盃《さかずき》を傾ける。私だったらまずビールを一本、それに季節であれば枝豆に蛸《たこ》ぶつでも頼む。

おしぼりで手を拭《ぬぐ》っているとビールが届く。

クイー……。

大勢で乾杯するビールもいいが、一人でクーッと飲み干すビールもうまいものだ。枝豆が空になり、蛸ぶつに箸《はし》がのびた頃ビールが終わり、次は酒とついでに冷奴《ひややっこ》でもとろう。

気がつけば家でふだん食べているものと同じものばかりで苦笑する。よく女房が「外でお酒飲んで、いいもの食べて」と皮肉を言うけれど、男は一人になると案外つまらない肴で飲んでいるのだ。

「では、わざわざお金使わないで家で飲めばいいでしょう」と、言われそうだが、それは違うのだ。

一人酒の良いところは、黙っていられるからだ。注文以外ひと言も発しないでいい。たとえ家の中でも、ずーっと黙りっ放しはなかなかできないものだ。これは人それぞれで、一人で食事したり酒飲んだりは考えられず、十分間黙っていられない、という人はいるだろうから一概には言えないが、嫌でも口を開かねばならぬのが社会生活や人間関係であれば、たまにいくらでも黙っていられるというのはなかなか快感である。居酒屋ではそれができる。しかも酒もあり、好きな肴まである。私が居酒屋の一人酒を好きなのは黙っていられるからである。

「私と話したくないから居酒屋行くの」と言われると、違うとは言い切れないが、仲が悪いわけではない。

私は、男は、いやもちろん女もそうだけれど時々一人になる時を持つ事は大切と思う。会社も友人も家族も、すべてのしがらみから離れ、一人でぼんやりする。何か考えても良いが、考えなくてもよい。一人になったら昼寝に限るという人もいるだろうが、昼寝ばかりが人生でもあるまい。

女性についてはよく判《わか》らないけれど、明るい喫茶店で好きなお菓子と紅茶、あるいは美容院か。何も考えず放心することが目的だ。

男が一人になって何をするかといえば、それは酒を飲むのが一番ふさわしい。居酒屋の片隅で、何も考えず一人、盃を傾けぼんやりする。人嫌いで山に登るのとは違い、あくまで市井《しせい》の、他人のうず巻く町の中にあって孤独を愉《たの》しむのである。男が会社の帰りに一杯やるのは、会社の集団的時間の熱気をそのまま家庭へ持ち帰らないための、クールダウンであり、また次に家庭という集団へ入るための、束《つか》の間《ま》の自己解放なのだ。

町にはバーというものもあるけれど、バーには酒しかないから案外、間がもたないものだ。良いバーほどバーテンダーは無駄口叩《たた》かないのでかえって緊張してしまう。居酒屋はその点、することが沢山ある。ビールを注ぎ、飲み、肴をつまみ、品書を眺め、次の注文を思案し、空になった小鉢を店員に渡しながらついでにもう一本酒を頼み、と結構用事があって、それで間がもつ。何か考えごとでもしようと来ているのではなく、むしろその逆だから、仕事のある方がよいのだ。

また、私の好きなのは新聞を読みながらの酒だ。夕刊を買って居酒屋に入り、おしぼり、注文、もろもろの用件を済ませ、おもむろに新聞を開く。スポーツ新聞と合わせ二紙買ったりする。珍しく長い論説などに読みふけり、「へい、お待ち」と焼魚かなんか届いて「オッ」と新聞たたんで場所をつくるなんてのもいいものだ。

本を読むこともある。週刊誌あたりが手頃だけど読みかけの小説を開くこともあって、これまた読みふけって逆に酒を忘れる時もあった。店にとっては迷惑かもしれず、あわてて酒を追加し、一、二品注文した。もちろんバーでウイスキーを置き読書にふけってもよいけれど、これには年期がいる。銀座並木通りはずれの「三州屋」という大衆居酒屋で、ある冬の日に銀髪の紳士がオーバーを着たままゆっくり手酌《てじゃく》しながら、今買ってきたらしき厚めの本を開いているのを見たことがある。いかにも自分だけの時間を愉しんでいるようでなかなかよい眺めだなあと思った。

これができるのも、居酒屋は誰もこちらに注目したり気をつかったりしないからだ。注文だけの一方通行で放っておかれる快感がある。食堂やレストランで食事を終えてからいつまでも座っているのはヘンだけど、居酒屋は酒さえチビチビやっていればいつまでも居られる。居酒屋の「居」は、居ることを楽しむ場所なのだ。

会社では威張っていても、リタイアし、家に入ってただの人になると何ひとつできないという話をきく。「一人でレストランも入れない」と女房は笑うけれどそれではいけない。

男たるもの、一人で居酒屋へ入れるようにならなければいけない。家から平然と「ちょっと酒飲んでくる」と出て行けなければいけない。そして居酒屋といえども、身ぎれいに、紳士の矜持《きょうじ》を持って振る舞えなければいけない。

基礎編

居酒屋とは

酒は人類共通の飲みものだ。それほど経験のあるわけではないが、どこの国の人と話しても「酒を好きですか?」と尋ねれば、酒好きはニヤリとする。「女性は好きですか?」といきなり尋ねるのは失礼だしニヤリともできないが、酒ならば「何を、どのくらい。お国の酒のおすすめは?」とたちどころに話もはずむ。土産に持参の日本酒をさし出せば必ず喜ばれる。

ずいぶん前のことだけれど、あるラグビーチームの海外遠征に応援団と称してついて行ったことがあった。対戦相手はシンガポール警察チーム。ロートルも多いわがチームは大敗したが、国を去るにあたり、初日の歓迎会への答礼として日本チーム主催のパーティーをひらき、そこではるばる持参した一斗《いっと》樽《だる》の鏡割りを披露した。

「ジス　イズ　ジャパニーズ　サケ。クリーン　アンド　デリーシャス、アズ　ライク　ライスワイン……」

団長のいささか怪しげな紹介のもとに両チームキャプテンが木槌《きづち》を手にカポン。やんやの拍手あって、山型に積み重ねた一合枡《ます》を一つずつとってシンガポール選手が並び、竹柄杓《たけびしゃく》で注いでもらう列をつくった。

皆、血気盛んな連中のこと、口々に何か言い、一斗樽は気持ちよいほど空になって、樽ごと飲む真似《まね》をするお調子者もあらわれた。シンガポールの選手が飲みすぎてクダを巻き団長に叱《しか》られてるのがおかしく、最後は恒例のジャージー交換とボール廻しになった。

どこの国の町にも酒を愉《たの》しむ場所は必ずある。イギリスのパブ、ドイツのビアホール、フランスのカフェ、イタリアやスペインのバール、アメリカのスナックバー……。そこは町に住む人間が手軽に一息つき、軽食をとり、会話をかわす場であり、ビール一杯で新聞に読みふけり、またオープンテラスであれば何となく町ゆく人を、世間を眺める場所である。

日本では居酒屋がそれである。私は外国へ行けばレストランや各国料理店よりも、そういう居酒屋へ入ってみたい。そこにはその国の、その町の庶民の、また酒好きの息吹《いぶき》があると思うからだ。逆に日本を訪ねた外国人を案内するのに寿司《すし》、天ぷらの高級店もよいけれど居酒屋も喜ばれるのではないかと思う。つまり庶民が日常、普通に酒を飲みに入る場所である。

居酒屋は江戸時代、酒屋の店頭で立ち飲みさせたのがはじまりと言われる。流通用小売り瓶のない当時は酒も醬油《しょうゆ》も量り売りで、客は容器を持って買いに行った。明治にガラス瓶が登場するまで容器は五合、一升の大きな徳利である。蔵元から樽で（樽は軽く、割れず、水分で締まる）酒や醬油が届き、その木栓をひねって枡で量り、じょうごで持参の徳利に入れる。そのうち店の方で徳利を貸し出すようになり、店名を入れると宣伝にもなって貸徳利、通い徳利が増えた。これがいわゆる貧乏徳利で、酒のみの亭主が金もないのに女房にこれを提げて買いに行かせる場面が、映画などに出てくる。（反省）

大都市江戸は地方からの出稼ぎ労働者であふれ、彼らは一日の手間賃をもらうとまず酒屋に行き一杯となった。徳利も何もないからその場で、量った枡で飲む。これが居酒屋のはじまりだ。

やがて、煮〆《にしめ》やおでんを置く「煮売り屋」となり、酒と一緒に安直に小腹《こばら》を満たす所となった。今でも居酒屋に、お茶漬、焼おにぎり、雑炊《ぞうすい》の軽い御飯ものがあるのはその名残りだろうか。私がここで確認したいのは、食べもの屋に酒を置くようになったのではなく、酒を飲む所に食べものも少しずつ置くようになった点だ。つまり居酒屋の主役はあくまで酒、なのである。

時代劇映画の居酒屋はどの程度、考証的に正確かは知らないが、大体、椅子《いす》は酒樽、肴《さかな》はおでんだ。昭和二十八年・稲垣浩監督の時代劇『お祭り半次郎』に、金のない主人公・長谷川一夫が居酒屋に入り、自慢の煙管《きせる》を出して「これで刺身をくれ」と言うと、親父《おやじ》はしばらく見て「マグロはだめだがサバならな」と答える場面があった。

また眠狂四郎あたりが左は懐《ふところ》手に背すじを伸ばし、背高細身の二合徳利に大ぶりの盃《さかずき》で、姿勢よくスイと酒を飲む。この場合は燗酒《かんざけ》のようで、燗は江戸時代半ばに小さな徳利が出まわって普及した飲み方というから、狂四郎は江戸後期の人だろう。いつか見た古い白黒映画の時代劇では、土間の一方に四斗樽をずらりと並べ、客に木栓をひねって枡にとり渡す場面があり、なるほどと思った。酒豪の侍が登場し「オヤジ、五合枡でくれ」と言っていたように憶《おぼ》えている。

そういう居酒屋の原型がよく残っているのは神戸だ。日本一の酒どころ、灘《なだ》をひかえた神戸では「宣伝酒場」という特定の蔵元の酒だけを置く居酒屋が明治から大正にかけて盛んになった。メーカーの直営ではなく、居酒屋はその蔵の酒だけを扱うかわりに安く提供させ、客にも安く出す。メーカーは安定供給しながら客の反応もわかるいわばアンテナショップだ。今でも「金盃」の直売所である「高田屋会」の「森井本店」や、「酒造國冠」、「世界長直売所」などが並び、立ち飲みスタイルも含め往年の居酒屋の雰囲気をよく残している。

居酒屋が他の食べもの店と一線を画すのは、気に入れば毎日でも行くことだろう。寿司や鰻《うなぎ》、フランス料理も中華もいくら好きでも同じ店に毎日は行かないと思う。ところが居酒屋は気に入ると毎日顔を出す。品書も何ひとつ変わらないのを知っているのに「マックタク、変わり映えしないな」と文句言いながら同じ席で同じものを注文する。それが蛸《たこ》ぶつだったり塩辛だったりで、主人は主人で「たまには変わったもの注文してみろ」というような顔をしている。居酒屋とはそういう場所なのだ。酒はそれこそ風呂《ふろ》へ毎日入るように、毎日飲むものという点もあるけれど、居酒屋とは「居心地」を愉しむ所なのであり、良い居心地は毎日でも味わいたい。居酒屋の「居」は居心地の居で、そこに居る時間を愉しむ。したがって、酒料理は良いにこした事はないが、居心地、すなわち主人の人柄、客層、店の雰囲気、そういったものが優先する。ここが「おいしいものを食べにゆく」料理屋やレストランとはもっとも異なる点だ。

自分の金で毎日、毎日は無理でも時間があけば迷わず、あるいは最近行ってないなと「顔出しに」行く所だから、値段は安くなくてはいけない。そして雰囲気が変わってしまってはいけない。いつ行っても同じ、「変わり映えしない」マンネリが大切なのだ。流行のレストランは古くなるとすぐ模様替えするけれど、居酒屋はその正反対だ。

事実そういう居心地のよい居酒屋は古い店が多い。古くから続いているのは、地元の客を相手に、正直な商売を誠実に続けてきたからだ。そこには、親父の代から通ってきている客もいて店に自然にひとつの雰囲気をつくっている。その雰囲気になじむかどうかはこちら次第であるが、男もある年齢に達したら、こういう店の一つ、二つも知っていたいものだ。主人と仲良くなりたいのではなく、自分一人のために居心地を愉しめる場所。しかもそこには酒も肴もあるのだ。

ビール問題

居酒屋へ何をしに行くかというと、もちろん酒を飲みにゆく。酒はうまい。酒ほどいいものはない。酒は人生をバラ色にし、また暗黒へつきおとす。

身を持ちくずしてはいけないが、酒が断然他の飲みものと異るのは、酔えることだ。酒の最大の美点は心を解放させることだろう。美しい自然、芸術の感動、人間味ゆたかな人との出会いなど、心を豊かにさせるものは様々だが、こういってはミもフタもないけれど、酒は確実に一時間もあれば気分を高揚させてくれる。過度にハッピーにもなれば、大げさに悲観もする。この点では酒は飲みものの一種というよりは、心のタガをはずさせるものだ。「酒でも飲もう」と声をかけるのは「心のタガをはずし合おう」という事でもある。でありながらもちろん、飲みものとして大変おいしい。

私は昼間や仕事中は飲まない。酒を飲む時以外は飲まない。昼の会食で「ビールでも」とすすめられても遠慮するし、そうもいかない時は口をつけるだけだ。周りの人がグイグイやっていても欲しいと思わない。

しかし私は熱烈なビール狂なのである。それなのにそこにビールがあっても（しかもタダ）飲まないのは、その日最初のビールを口にする瞬間を一日の最大行事、最重要事と考えているからで、その心構えや期待もできていない時にすすめられ、チョイとひと口、口にしてしまうと、一日の最大の楽しみを奪われ損をした気持ちになるからだ。

それは酒を飲んだ自分の思考や判断に自信を持てないからでもある。夜中に書いた手紙と同じで単なる一時的興奮のまま、ものごとを進めるのが怖い。よくウイスキーをちびちびやりながら原稿を書く人の話をきくけれど、タフだなあと思う。事実、夕方まあいいやとビールを一杯飲み、そのあと夜十時くらいまで自分が使いものにならなく困ったことが間々ある。また、一杯飲みながらの打ち合わせよりは、打ち合わせは素面《しらふ》でしっかりやり、そしてどっと飲みに出る方がいい。その日の酒のはじまりは名実ともに仕事の終了宣言。酒が入るとまともな判断はできなく、そのために飲みははじめるのだ。

というわけで居酒屋では何もかも忘れ、酒だけに専念する。昔は、酒は仕事やコミュニケーションの潤滑油だったけれど、今は酒そのものが目的になった。一人酒ならば最初からコミュニケーションも何もない。

居酒屋に入ったらまずビールだ。うまいビールを飲むのならビアホールへ行くに限るけれどここでは居酒屋のビールについて話したい。

生《なま》があればその一番小さいのにする。ビールは注ぎ置きしておくと確実にヘタるので、小で何杯もおかわりしていつもいい状態のを飲むためだ。ビールの命は泡、泡がなくなるとヘタる。それでも残った時は新しいグラスをもらい注ぎかえると瞬間的に蘇《そ》生《せい》し、もう一度飲める。

びんビールの場合は自分で慎重にグラスに注ぐ。これで味が決まるからもっとも大切な瞬間だ。この時は誰であろうと話しかけられても返事はしない。店の女性が「おひとつどうぞ」と注いでくださる時は嬉《うれ》しいけれど本心は大変残念だ。礼儀上グラスを手に持たなければならず、二人がびんとグラスを中空で合わせるため不安定になり、ビールのためには良くない。ああ、おいしくないビールになってしまったなあと口惜《くや》しい。

また営業マンタイプのような人に、どうしても、びんを奪い取ってでも注ぐ人がいる。こういう人は間違いなく、泡を立てぬよう、つまりビールが沢山入るように注ぐから、うまいビールのために正反対のことをする。コップを斜めにさせるのはもっともよくない。

逆に私は、お節介でビールを上手に注いでやる（作ると私は言う！）のは好きだ。まず、相手が手にしたグラスを机に置かせ手を離させる。手に持ったままだと揺れて不安定だ。また手はグラスを温めるし、グラスの中が見えないので邪魔になる。現実には「はい、そこに置いて。邪魔だから手どけて」とあからさまになり嫌味なムードになる。

そっと注ぎはじめたらそのままびんをぐーっと高く上げ、できるだけ細い流れにして時間をかけるとたっぷりの泡が生まれる。ゆっくり注ぐほどきめ細かなクリーム状の泡になる。この時点で泡対ビールは四対一くらいの割合。

そしてしばらく待つが、この間なにか小話を一つ用意して間をもたせる。「そのシャツいいね、どこの？」とか。

ビールの水面がグラスの半分くらいまで上がってきたら、今度はびんの口をグラスの端に当て、グラスの内側をすべらせそっと流し入れると泡がぐぐーっと持ち上がってくる。これで泡はある程度ガスが抜け、「硬い」泡になっている。持ち上った泡が崩れそうになる瞬間で止め、泡とビールが一対三くらいに落ち着くと出来上がりだ。

居酒屋ではこの作業《セレモニー》を慎重に行う。一人であれば誰に遠慮もなくこの作業に没頭できる。何を大げさなと思うかもしれないが、こういう事を大げさに楽しむからおもしろいのだ。時間をかけて作るから結果への興味もわく。気をつけねばならないのは、泡が鎮《しず》まるのを待つ間、あまりにもうまそうなので思わず生唾《なまつば》をゴクリと飲んでしまうことだ。ビールと喉《のど》の出会いの前に、チョロリと先につまらないものをのみこんでしまった後悔が確実に訪れる。

さていよいよ飲む段となった。待ちに待った瞬間だ。

泡を鼻につける気持ちで泡の下からビールを口先に感じたら、後はためらわず一気《いっき》呵成《かせい》にグイ、グイ、グイと飲みすすむ。この時、口の中で舌を前に突き出すように浮かせ、舌の表裏隅々までビールを通過させるよう心がけるとビールの味のすべてを味わえ、うまいビールは甘味があるとわかる。私は口を平たく、横にひろげるようにしてゆっくり途切らず確実に、滝のように流し入れる。

飲み終えたら一呼吸おき、鼻からフーッと息を吐くとビールの、太陽に干したフトンのような香ばしさがたっぷり味わえ、幸福な気分に包まれる。

こんなにおいしいものが、誰かにチョロチョロ注がれたのでは口惜しい気持ちになるのを分かってもらえるだろうか。一人で居酒屋に入れば心おきなく満足のゆくビールを飲める。銭湯で一風呂《ひとふろ》浴びた後なんかは最高だ。平日ならなお結構だけど、勤めや仕事のない土曜あたり、銭湯の一番風呂に入り、その近くに気安く入れるビールのうまい居酒屋があるのは、ささやかながら、理想の生活かもしれない。男五十になれば、このくらいのぜいたく（なんとささやかな）をしてもよいだろう。

世の中にはビール好きがいるもので、二時間なら二時間の間、生ビールをグイグイと飲み続け、およそ五、六リットルくらい飲むんじゃないかと思う人がいる。もちろんそれに応じどんどんトイレに通い外へ出すから、ビールはただ体内を通過しているだけのようだがそれでもよいのだろう。

私はまあ、ビールは最初の一杯が死ぬほどうまく、その後次第に魅力は薄れてゆき、やがて日本酒に入ってゆき第二ラウンドを迎える。

今、日本酒は黄金時代

日本酒は今、史上最高の黄金期にある。

日本酒は第二次大戦中の米不足の折、米と米麴《こめこうじ》で作ったもろみ（本来の日本酒はこれだけで作る）に薄めたアルコールを加えて増量するという三倍増醸酒（三増酒《さんぞうしゅ》）が作られ、戦後もそのまま残り主流となった。本物の酒は約三分の一しか入っておらず、さらに一九四九年（昭和二十四年）から登場した人工甘味料やグルタミン酸ソーダで味付けした酒は、ベタベタして甘いばかりでまずく、悪酔いし、いやな臭《にお》いがした。

戦中から戦後は酒は貴重品で酔えればなんでも良かったが、世の中が落ちつき、またウイスキーなど他の酒類が伸びてくると、消費者はまずいまがいものの日本酒に見切りをつけどんどん日本酒離れしていった。

また、かつて日本酒は大メーカーのブランド品が一流とされ、大メーカーは小さな蔵から酒を桶《おけ》買いし、ブレンドしてびんに詰め自社ブランドの名をつけ出荷した。しかしその陰に、下請けや三増酒でなく、丹精こめてつくった本物の酒をそのままの姿で飲んでもらいたいと、細々と本来の酒づくりをし、オリジナルで出している地方の小さな蔵があった。

今から十数年前、酒のみの間で、とてつもなくうまい日本酒が地方の小さな蔵でつくられているという噂《うわさ》がひろがり、たちまち地酒ブーム、幻の名酒ブームがおきた。その象徴が新潟石本酒造の「越乃《こしの》寒梅《かんばい》」でニセ物まであらわれた。

その頃からぼつぼつと吟醸酒が出まわるようになった。吟醸酒とは米を芯白近くまで磨き、低温でじっくり時間をかけてつくる日本酒の芸術品である。吟醸酒はおもに国税庁醸造試験所の全国新酒鑑評会出品用に、特別にごくわずかつくられ、その酒は一部の人が飲むだけで終わり、一般に出まわることはなかった。それが名酒待望の気運をみておそるおそる商品化したところ、たちまち酒飲みの舌をつかんでゆく。思えば当時はバブルの絶頂期、少々値は張っても良い酒を飲みたい、またガブ飲みでなく、量より質を味わいたいという人々の意識の変化がその底にあった。

これに勢いを得たのが、うまい酒、本物の酒をつくりたい、日本酒は本来そうあるべきと考えていた蔵元や杜氏《とうじ》だ。まさに自分の技を世に問うべく、競って酒質向上に取り組み、すばらしい名品大吟醸が日本各地の蔵から続々と世に出され、吟醸酒ブームをおこした。

居酒屋に全国の地酒が並ぶのは当たり前になり、昔は「灘《なだ》です」と言えば客は満足していたが今や、無名の地酒の方が珍重され興味をひく。地酒だからうまいという保証はなく、大メーカーにも良品はあるけれど、そのブランド名ゆえに評価されないという逆転現象もおきている。

三増酒の拒否、本物の日本酒の再発見、名酒への渇望《かつぼう》。日本酒の世界は戦中の代用品から、どん底を経てドラマチックに変わった。良酒を求める酒飲みの舌こそ恐るべしである。そして今、日本酒は有史以来最高の品質となり、百花繚乱《ひゃっかりょうらん》状態だ。今、日本酒は「飲まなきゃ損」なのである。

これは世界の酒の歴史でも珍しいことと思う。つまりビールやウイスキー、ジンやブランデーの酒質が最近めざましく上がったとは聞かないし、ワインはブドウの出来不出来と熟成というから、名酒の誕生は僥倖《ぎようこう》的要素が大きい。

ところが日本酒は製造原理は何も変えぬままに、熱意と技と材料の吟味でいちじるしく全体のレベルアップがされたのである。地酒ブームの頃は北陸、新潟の酒が評判となったが、今地域差はまったくなくなった。秋田、宮城、関東、静岡、山陰、四国、北九州、全国どこにでもすばらしい酒がある。流通の発達で米はどこの産も買え、温度管理のできるタンクにより気候も関係なくなった。残るのは水と杜氏の技、それに、良酒を生もうとする蔵元の熱意だ。

　今、日本酒は本当にうまい。例えば、たまたま今飲んでいる宮城「金の井酒造」の純米吟醸「綿屋」である。やわらかく清々《すがすが》しい口当たりに、エレガントな旨味《うまみ》と甘味がじんわりひろがり、惜しみつつ喉《のど》へ流すとスッと消え、またすぐ口へ運びたくなる。しなやかで若々しく、飲み心地はまことに爽快《そうかい》だ。これに匹敵する酒は、同じ宮城の「伏見男山」、秋田の「天の戸」「由利正宗」、岩手の「月の輪」、茨城の「武勇」、埼玉の「神亀《しんかめ》」……書きはじめればきりがなく、今日本酒の世界は豊饒《ほうじょう》そのものだ。

　いっとき日本酒に辛口ブームがあった。これはベタベタと甘い人工甘味料添加酒への反動で、某メーカーの名コピー「最近、甘口の酒が多いとお嘆きの貴兄に」は、まさに日本酒好きの心情を喝破し、辛口という言葉は、男ごころを刺激してか大流行した。居酒屋でも、

「酒は何にしますか」

「辛口」

「へい」

　こればかりになった。また、

「それ、それ、それをくれ」
「地酒です。辛口」
「酒は何があるの」

「それそれ、それをくれ」

辛口の魔術。まず九十九パーセントが「辛口」と答えただろう。甘口、などと言えば人間までも甘い奴《やつ》と見られかねないようだった。

これはバブルへ向かうモーレツサラリーマンの心情によく合ったのだろう。しかし、醸造用アルコールのもつピリピリ刺すような金属的刺激を消すために人工甘味料を加えていたのだから、それを減らしたものを辛口と言ってもはじまらないのである。

本物の辛口の日本酒は刺すようなピリピリ感でなく、米のもつ重厚なコクと深みをもつ日本酒らしい味、日本酒の男らしい方の味が強いものを辛口と言う、山形・樽平《たるへい》酒造の「住吉《すみよし》」がその代表だ。この酒を飲んでいると喉が渇く。

私はどちらかと言えば、ほんのり甘口が好みである。上品な和菓子のあっさりした、あるいは果物のさわやかな甘さで、ベタベタしない。米は本来、甘いものだ。それを芯《しん》まで磨いた吟醸酒は雑味のとれた透明清浄な甘味をほのかに含む。日本酒の女性的な面である。

今は甘口、辛口はあまり言われなくなり、むしろ「旨口《うまくち》」を使う。旨口は、甘辛の両方をはじめ酸苦渋の五味をすべて含み、濃醇《のうじゅん》にまとまったり、淡麗にひろがったりする。

私の好みは、清々しく、きれいな酒だ。しかし水っぽい薄味とは違い、さっぱりした飲み口の中に日本酒の旨味とコクは十分に入っているもの。そして口に残らずスッと消え、次の一杯がまた最初からさわやかに味わえるものだ。こういう旨い酒は、旨いゆえに本当に肴《さかな》を必要としない。本当に、と言うのはそこにあっても箸《はし》がのびずグラスを離さないのである。

私は時折、若いお嬢さんに「おいしい日本酒を教えてください」と言われ（エヘヘ）、しかるべき銘酒居酒屋へご案内する。入門者向きの重くないものを選び、すすめるともちろん「ワー、おいしい、ワインみたい」とか言うが、それは当然でその後を見ている。目の前にあるうまそうな白身刺身に箸がゆくようでは大したことはない。本当にうまい酒は盃《さかずき》を置けず、必ず二杯、三杯と後を追う。

口でいくら賞《ほ》めても、グラスを置くようではそれまでだ。酒ほど正直なものはない。

日本酒を味わう

大吟醸や純米酒のような日本酒の種類を横軸とすれば、もう一つ縦軸の見方もある。それは時間による熟成だ。

日本酒は冬、十一月中頃から仕込みをはじめ、歳《とし》があけた春先に最初のしぼりの新酒「あらばしり」をとる。この生酒《なまざけ》はまだピチピチと勢いがよくはじけるような魅力をもつ。

これがひと夏越して「夏越《なご》しの酒」に、秋に旨《うま》みののった「秋上がり」となり飲み頃になる。十月一日を日本酒の日とするのはこの秋上がりに合わせたものだ。この頃は海山の収穫物も出そろい、酒もそろそろ燗酒《かんざけ》が恋しくなる、いわゆる酒のうまくなる頃だ。そうしてその年に作った酒は基本的に一年で飲み切り、秋に収穫した米でまた次の仕込みに入る。まことに日本酒は日本の四季に沿った酒だ。

ところがその年に飲み切らず二年、三年と熟成させた古酒《こしゅ》というものもある。昔は酒は作った量に応じて課税されたので、税金を払うためにはいつまでも蔵に置いておかず早く商品化し現金化しなければならなかったが、ある時期から蔵出し税、出荷した量への課税となったため必要がなければ、あるいは注文がなければ置いておくようになった。その結果、年月を経ると熟成が深まり味わいの増すものもあると分かってきた。長期熟成酒というこの酒は偶然により発見された要素もあり、またなにしろ時間のかかることなので、その方法、どんな酒をどんな状態で保存すればどんな酒になるかは、各蔵元で実験進行中といったところだ。

また居酒屋でも熱心なところは、古酒にするために地下などに特別の保存庫をつくり酒を寝かせている。最近は五年、十年の大古酒は別として、二年、三年ものは割合居酒屋にも出まわっている。古酒は、黄変し紹興酒《しょうこうしゅ》のような香りになったものや、カカオフレーバーを漂わせるもの、コクと重厚味を増したものなど、酒のそもそもの出来具合と保存法の掛算で千差万別状態だ。時間をかけてつくるのはリスクも大きいから、好結果のものは価値も高く値段もとれると思う。これからは日本酒もビンテージ（当たり年）の時代になるだろう。私もある時もらった本醸造の酒「能鷹《のうたか》」をずーっと封を切る機会もなく持っていて、およそ十年後あけてみた。冷暗所に置き動かさないという保存状態がよかったためか、色は黄金色に変わり、トロリとして、甘味はぐーんと増し（封を切ってないのでもともとの味は分からないが、濃く透明感のある甘味は貴腐ワインに似て、ふつうこういう日本酒はない）とてもとてもうまい酒になっていて驚いたことがある。今でも何本かの一升瓶を封を切らずに置いてあり、あける時が楽しみだ。ただし、これは火入《ひい》れした酒に限る。火入れ（低温加熱殺菌）してない生酒は酵母が生きており保存によっては腐敗したり、あるいは動かすことにより爆発したり変化がおきやすい。

日本酒の横軸、縦軸にさらにもう一つ奥軸といおうか三次元化するものとして各地の銘柄がある。

かつて日本酒の名醸地は灘《なだ》と言われ、地酒ブームで新潟や北陸が有名になったが今は、全国各地どこからでも名酒は誕生し、どこが名醸地とはあまり言えなくなってきた。これは酒の製法が科学的に管理でき、あまり気候温度に左右されなくなったためで、蔵元の熱意と資金力、杜氏《とうじ》の技術があればどこでも良い酒を生み出せるようになったからだ。極端に言えば名水も買ってくればよい。

ところが日本酒は不思議なもので同じ蔵の酒でも毎年、出来が違う。同じように作っても同じ結果になるとは決して限らない神秘的要素がある。逆に思ってもいなかった名品に仕上がることもあるという。また名人杜氏が新しく入蔵し劇的に酒が変わることはよくある。そういう要素をふまえ、うまいと噂《うわさ》される酒は年々、刻々と変わってゆき、二年前評価された酒が今はさっぱり、という事もある。私自身も毎年、新発見の名酒があり、また毎年変わらず、というよりは意欲的に向上を続けている頼もしい銘柄もある。

このような、銘柄（造り手）と、酒の種別（吟醸とか純米とか）と、タイプ別（生酒とか古酒とか）の三要素の組み合せで日本酒がある。例えば「神亀（銘柄）純米吟醸（種別）生酒原酒（タイプ）」（原酒は加水してない酒で十六、七度くらいある）といった具合になる。「なんだか面倒くさい、旨けりゃいいんだ」と言われそうで事実その通りだけど、自分が何を飲んでいるか知っていればいっそう、日本酒も面白くなるとは言える。

これをもっと進めると一升瓶の裏ラベルを見る。そこには「原料米○○錦《にしき》、精白度○%、日本酒度、酸度」など詳細なデータの入っているものもある。素人《しろうと》にはほとんど分からず、私にもよく分からないが「フンフン」ともっともらしくうなずくのも面白いことだ。私は知らない酒を頼むと必ず一升瓶を見せてもらいラベルを読む。（もっともらしい顔をする）

単純に、今飲もうとしている酒が何であるかを知るには参考になるが、知識はともかくとして私は酒を味わってもらいたいのだ。

一、重いか、軽いか。(ねっとりしているかさらりとしているか)
一、単調か、複雑か。
一、清々《すがすが》しいか、雑味があるか。
一、甘いか、辛いか。
一、香りは強いか、弱いか。
一、どんな香りか。(リンゴかスイカかナッツか)
一、喉《のど》へ流した後、スッと消えるか、口にしつこく残るか。
一、上品か、下品か。
一、貴族的か、大衆的か。
一、派手か、地味か。
一、旨いか、まずいか。
一、一杯でいいか、たっぷりほしいか。
一、気は強いか、優しいか。
一、値段に対して適正か、高いか、安いか。

一、好きか、嫌いか。

このくらいのことは三口も味わえば分かる。そんな、と思うかもしれないが、例えば町角でふっと美人をみつけた時、数秒も見ていれば男はこのくらいの判断をするものだ。（女性よ許せ）私の好みは、清々しく、ほんのり甘く、上品で、優しくて、しつこくないタイプだ。（蛇足、女性の好みに似てくるのは不思議だ）

いずれにしても日本酒はそれぞれに個性があって、気づかずに飲むのは勿体《もったい》ない。ひと口だけでも気持ちを集中させ、味わってみる。その飲み方をするといっそう居酒屋も楽しくなるだろう。

冷や、常温、燗

そろそろ一杯やりたくなってきたが、ここにもう一つ選択肢がある。それは、冷やか、常温か、燗か、ということ。日本酒は世界の酒でも珍しくこの三つの飲み方をする。というよりも時と場合や酒に合わせて三つの飲み方を楽しめる。

地酒ブーム、吟醸酒ブームで色んな銘柄やタイプを味わえるようになったのは大変結構だけど、それにともなうかのように良い酒は冷やで飲むものと思われてきたのは大変嘆かわしい。燗を注文すると「この酒は燗はできません」と言う。わけを聞くと「冷酒《れいしゅ》」ですと答えるが冷酒というものはない。冷やして飲めばなんでも冷酒である。よく量産品のガラス瓶入りの酒に「冷酒（冷用酒）」とあるのは生酒なので要冷保存という意味であろう。酒にうるさいのを自慢している主人は「ウチは燗するような酒は置いてない」と見当違いに威張り、食堂のおばちゃんまでが「燗はできません」と言う。酒を見ると本醸造だ。

「本醸造でしょ」

「そ、そうですよ」

おばちゃんは本醸造が何か知らないのだろう。

「本醸造は、米、米麹《こめこうじ》、水、に醸造用アルコールをごくわずか添加した酒で、常温もいいが燗にするとやわらか味が増し飲みやすく、その力をよく発揮する」

と答えればどういう顔をするだろうか。私も昔は「燗はできない」と言われるとムキになって問いつめた。

「この酒は燗できません」

「なんで？」

「冷酒です」

「冷酒って何？」

「冷やして飲む酒です」

「誰が決めたの」

「……その方がおいしいですよ」

「誰が決めたの？」

「…………」

「あなたはその酒飲んだことあるの」

「ありますよ」

「燗では？」

「燗はしません、勿体《もったい》ない」

「どうして勿体ないと分かるの？」

「……香りがとびます」

「温めて香りが立ったところを飲むのだから、冷やよりも香りは豊かになるでしょ」

「…………」

「燗でお願いします」

「ウチは燗はやりません」

「だから、なんで」

「…………」

「俺様を誰だと思ってんだ、このトーシロー！」

最後の一言は腹の中だけど、主人とは気まずくなり、その店に居ても楽しくなくなってしまう。それでもまだ主人はこちらを「酒を知らない素人《しろうと》め」と見ているので腹が立つ。

日本酒は温めることにより味がふくらみ、豊麗に香り立ち、その酒のもつ力のすべてを味わえる。味については日本酒の大先輩、佐々木久子氏が「日本酒の旨味《うまみ》である乳酸とコハク酸は冷やすとまずく感じ、温めてその旨味が出る」と明快に説いている。

要するに高級酒は冷や、並酒は燗という誤解がまかり通っているのだ。一般的に吟醸酒は冷や、純米酒や本醸造は常温もしくは燗がいいとされているが、上等な大吟醸でもうまく燗された時の味は格別である。すばらしい名酒を造っている蔵元が、自分でゆっくり吟醸酒の燗を愉《たの》しんでいる例を幾人も知っている。

燗に向かないと思われるのは生酒だけだ、としばらく言われてきた。火入れ（低温殺菌）していない生酒は、そのフレッシュさを味わうため酵母を生かしたまま冷温で輸送し保存するので、飲む段階で温めて普通の火入れした酒にしてしまうのは勿体ないと言える。しかしこれとても、生酒をごく低温で燗するとまた独特なタッチがある。もはやすべての日本酒は燗をして楽しめる、いや、要はどう飲もうとその人の好みというあたり前のことなのだ。酒の飲み方を講釈されたくないではないか。

とはいうものの酒に熱心を売りものにしている銘酒居酒屋で燗を注文すると、まず全員に、とんでもない事を言い出したという顔をされ、威信（フン！）にかけて断わるという姿勢になるだろう。純米酒や本醸造でさえも燗をいやがるのは全く困ったものだ。

ただし燗酒は面倒で難しいものでもある。燗を嫌がる店で無理に頼むと、まず失敗するから気をつける方がよい。電子レンジはよくない。これで温めた酒はどこか硬く、ただ温度が上がっただけで常温と味が変わらないような気がする。(やむを得ずレンジのときは温めた後、別の徳利に注ぎかえるとよい)やはりお湯の燗だ。お湯は熱すぎないのを徳利の首まで浸《つ》かるようにたっぷり用意し、時間をかけてから引き上げて様子をみる。適温は三十九〜四十一度と言われるが一口飲んでみればよい。熱燗にならぬようあくまでぬる燗を心がけ様子を見る。この間は番をしてなければならず、居酒屋はこれができない。ドボンとヤカンに突っこんでおいて時々見にゆくようでは危ない。昔は居酒屋には「お燗番」という大切な役目があり、この人は酒の燗だけをしていた。

温度は好みだけれど、まずは思っているよりもぬる燗で試してみよう。ぬるすぎたらもう一度湯につける。デリケートな吟醸酒はもっともっとぬる燗がよい。このあたりになると人まかせは心配なので、信頼できる店以外では、私は燗酒は家で愉しむ。湯から徳利を引き上げ、このくらいかなと味をみるのもいいものだ。

燗酒も、日向燗《ひなた》(三十度くらい)、人肌燗《ひとはだ》(三十五度くらい)、ぬる燗(四十度くらい）、熱燗（五十度くらい）、とびきり燗（五十五度以上）、と幅があり、日本人はこのように繊細に日本酒を愉しむのだ。ぴたりの適温に燗された酒の味は、実にまったく格別で、その酒のもっていた味、香りがすべて解き放たれ、日本酒とはこんなに豊麗な酒かと思う。良い酒を適温に燗した状態が日本酒のベストの味わい方だろう。

人肌燗とはよく言ったもので体温に近いものは体に安心感がある。氷を浮かべた酒は零度だから終始腹を冷やしっ放しになり、これはよくないだろうし、また過度に熱いものも胃は驚きっ放しだろう。体温と同じものが体にはいちばん良いのではないだろうか。

また燗酒のよい所は早めにおだやかに酔いがまわる点だ。アルコールは体内に入り、体温と同じになると効力（酔い）を発揮する。冷や酒は飲み口がよく、その時はあまりアルコール度を感じないのでグイグイ飲めるが、一～二合くらいで突然ズドンと酔いがまわってくる。腹に入ったアルコールが一斉に温度を上げるからだ。「冷や酒は後で利《き》く」というのはそのためだ。アルコール度の同じ十五度のワインもグラス三杯めあたりで急激に酔いがまわる気がする。

燗酒は冷やのようにグイグイとは飲めない。冷やはグラスや茶碗《ちゃわん》だが、燗酒は小さな盃《さかずき》でチビリと飲むのは飲み具合にかなっている。結果的に燗酒はスローペースで飲んで早く酔い、一番好ましい状態である「ほろ酔い」が長く続き、突然崩れたりせずゆるやかに酔いがまわり、また案外大酒にならないものだ。

燗酒の効用ばかり書いたけれど、温度を感じるのはやはり口当たりだ。暑い夏のよく冷えた吟醸酒は暑気払いにぴたり、春、秋の季節のよい頃の常温は気持ちをしみじみと落ちつかせ、そして初冬、そろそろ肌寒さを感じた時の燗酒の喜びは何ものにも替え難い。

日本人は四季を愉しむ。その四季を酒の飲み方でも味わえるのだ。

酒器を選ぶ

日本酒の愉《たの》しみの一つは酒器だ。ワインは透明無地のワイングラスと決まっているけれど、日本酒はいろいろな酒器を、季節、飲み方、シチュエーションで使い分け、それがたいへん楽しい。酒を情趣深く味わわせる点では日本酒の酒器はとても豊かな世界をもっている。

日本酒は、冷や、常温、燗《かん》と三つの飲み方をすることは今書いたが、それにより酒器も替える。

冷蔵庫のなかった昔は、酒を冷やして飲むことはあまりしなかったと思う。が、ここ十数年、吟醸酒や生酒が出まわるようになり、デリケートなこの酒は冷蔵保管するので、注いですぐは冷たいおいしさがある。こうして日本酒を冷やして飲む方法が広まったが、それにふさわしい酒器はまだなく、いろんな店がいろんな器で出している。

冷たさを味わう冷や酒は清涼感の演出にガラスが合い、高級吟醸酒をそろえた銘酒居酒屋ではワイングラスを使ったりする。フルーティーな吟醸酒は白ワインにも似て、このグラスは割合しっくりくる。ワインを飲むように細い脚（ステム）を持ち、まず鼻でじっくり香りを確かめ、そして口に含む。口径広く腰の低いウイスキーグラスを使う店もある。これは結構、量が入り、扱う仕草も男っぽくなる。

しかし私としては日本酒に他の酒の器を借用するのは潔《いさぎよ》しとしない。これらの透明なグラスはワインやウイスキーのように色のある酒には映えても、無色透明な日本酒には淋《さび》しい。といって色のついた江戸切子《きりこ》や沖縄ガラスでは酒の色が死んでしまう。居酒屋でよく見るのは、清酒組合だったたかの作った、チューリップ型に太い台のついた透明ガラスの清酒グラスだ。小ぶりで安定感もあるけれどデザインとしては今ひとつだ。東京四谷《よつや》の高級銘酒居酒屋「伝魚坊」では底の丸いままのチューリップ型ミニグラスを、三ヵ所に突起のある専用のガラス台に置く方法を考案している。これが最も温度を上げないのだそうだ。

冷やした酒に和のグラスで私のおすすめは、料亭あたりで出すビールのひと口グラスだ。細身小ぶりに薄《すすき》や野菊の絵が研磨カットで入り、涼しげな景色をつくる。薄手ほど上等で、冷や酒は汗をかくから竹のコースターでもつけると一層よい。

気候の落ちついた春秋には冷やよりも常温がうまい。常温ならば私のおすすめは、ズバリ茶碗《ちゃわん》酒だ。常温とは室温、肌に触れる気温が心地よいのでガラスではやや冷たい。また燗酒のように酌をしないから小さな盃《さかずき》ではいちいち注ぐのが面倒だ。小さな盃で冷たい酒を飲むのは貧乏くさい。

日本酒の品質をみる新酒鑑評会では、常温の酒を大ぶり白磁の唎《き》き猪口《ちょこ》に注ぐ。常温の酒にはガラスや陶器よりも、やはり磁器の茶碗のようなものがしっくりくるのだろう。白地の底に入る紺の蛇《じゃ》の目《め》模様は酒の色を見るためだ。

茶碗で飲むには朝顔型の汲《く》み出し茶碗の小ぶりが良い。お茶っぽい絵柄でなく、白無地にキリリと紺の線でも入った男っぽいのがあれば、なかなか粋《いき》だ。私は家では、古道具屋で買った白地印判の、何に使ったのかよくわからない、茶碗と大盃の中間くらいのを愛用している。

居酒屋で普通に茶碗で飲ませるのは北海道だ。北海道の居酒屋は炉端焼を基本とし、その赤々した火で常に鉄びんに酒を温めてある。寒い外から入ってきた客にゆっくりと燗をつけ盃でチビリなどとやっていたのでは間に合わず、燗しておいた酒を茶碗でキューッとやって身を温めるのだ。

常温の酒器としては木の枡《ます》もある。世界に木で作られた酒器は他にあるだろうか。方形、清浄な白木の枡は木の香もあいまって、日本酒ならではの端正、粋な美学をつくる。

枡酒の店は時々あり、小皿にのせた枡に酒をなみなみと注ぎ、注ぎこぼしてくれる。この注ぎこぼした酒はどう飲むのが正しいかというと、枡酒を少し飲みそこへ移しかえるのは野暮。枡をとり、片方の手で小皿を持ち、ひと口にキューッと干し、そこへストンと枡を置きもどす。どうせサービスなんだから一気にきれいにするのが粋なのだ。

本来は計量器の枡でどうして酒を飲むようになったのだろう。推測するに、居酒屋の発生である酒屋の立ち飲みにあるのではないか。昔は酒は量り売り。酒屋は店で飲ませるのが目的ではないから茶碗などはない。「一杯くれ、今ここで飲む」という客には一合枡をそのまま手渡したのだろう。ウ、ウ、ウ……と一気に飲み干す姿が想像できるようだ。

そのうち「ちょっと、塩一つまみくんねえか」という男があらわれた。塩を一なめすると酒が甘く、うまくなる。これが酒のつまみ第一号かもしれない。

常温の酒器としては片口がいい。片口は樽《たる》から酒を受け、燗徳利に注ぎ分ける時に用いるものだが、容《い》れものとしての魅力をもっている。洋酒は一般に瓶から直接、器に注ぐ。しかし日本酒は一升瓶から注ぐのは荒々しい所作で、まず片口にとる。日本人は繊細なのだ。

常温の場合酒は出しっ放しでよく、片口にゆらゆらと湖のごとく酒がたゆたっている風情《ふぜい》はとてもよい。口径の広い茶碗や枡もそうだ。細い冷酒グラスや小さな盃ではこうはいかない。

たっぷりと酒を置き、たっぷりした器で豪快に飲む。これほど男らしい日本酒の飲み方はない。冷やしもせず、温めもせず、ケレン味なくそのままで飲む常温がもっと広まってもよいと思う。渋い唐津《からつ》あたりの片口に、夏ならば涼《すず》やかに青もみじを、秋ならば赤あざやかな紅葉を浮かべたりすれば一層の風情だ。日本人は優雅なのだ。紅葉を浮かべた片口から、茶碗か枡にトクトクと注ぎ入れ、キューッとひと口やれば酒飲み冥利《みょうり》に尽きるというものだ。肴《さかな》は〆鯖《しめさば》か焼松茸《やきまつたけ》、あるいは炒《い》り銀杏《ぎんなん》。いいですねー、日本の秋。とこうなるのだ。

東京森下の「山利喜」、新宿の「鼎《かなえ》」は、片口で酒を出す。片口から自分で注いで飲むのは徳利・盃の組合わせとはまた一味ちがう良さがある。また、秋田の居酒屋「酒盃《しゅはい》」は、常時片口を冷蔵庫で冷やしてあり、そこに冷たい酒を注ぐ。夏のある時、ひんやりした片口が次第に結露してゆくのを見ているのは気持ちが良かった。

徳利と盃《さかずき》

燗酒に登場する酒器が徳利と盃だ。注ぐときの「とくり、とくり」という音からその名になったという説がある。新明解国語辞典には〈とくり〔狭い口から液体が「とくとく」と出て来る意〕細長くて口の狭い、酒の容器。「徳利」は、借字。〉（傍点筆者）とある。縁起の良い字を当てたのだろう。

本来、水ものの保存容器であった徳利は、江戸時代半ばに小さなものが出まわり、その頃から燗酒に飲み方が変わったという。昔は燗鍋《かんなべ》かちろりで酒を温め、徳利に移していたが、そのうち燗徳利として直接湯に入れて燗するようになった。

口の細い徳利は、お燗した酒の温度を保ち、小さな盃に注ぎやすいための形だ。徳利に木のハカマをはかせるのも保温のためだろう。盃がひと口と小さいのも同じで、茶碗《ちゃわん》やコップのように大きいと酒が冷めてゆく。したがって徳利で冷や酒、徳利からコップ酒はマヌケである。

この酒器が考案されるとそこは日本人、様々な陶芸や図柄に意匠をこらし、酒席を華やかに彩《いろど》ることになった。

居酒屋で出す徳利にはなかなか良いものがない。安い居酒屋の、ぐにゃぐにゃした手びねりのできそこないのようなものであったり、ちょっと気どった店は丸型小ぶりの女性好みでこちらが気恥かしくなったりする。八勺《しゃく》ぐらいしか入らず、すぐなくなってしまう。

古い時代劇の映画を見ていると、昔の居酒屋や旅籠《はたご》で使われている徳利は、筒型細身背高の二合徳利だ。今でも時折、昔の染付印判ものが古道具屋にほこりをかぶっていたりする。東京根岸の「鍵屋《かぎや》」はこの背高細身の徳利が古風なこの店に大変良く合い、燗酒の醍醐味《だいごみ》を存分に味わえる。ここでは夏も燗酒が基本だ。神田「みますや」も背高細身の染付だ。

湯島の名居酒屋「シンスケ」の徳利は、ケレン味のないシンプルな白地に「シンスケ」と入るだけの誠にさっぱりしたもので江戸前のこの店によく合い、カウンター正面にずらりと並び、布巾《ふきん》のかけられた眺めはいかにも居酒屋らしく清潔感がある。盃は小型の蛇の目唎《き》き猪口《ちょこ》だ。

いずれにしても徳利は硬い磁器であるのが私の条件だ。陶器や焼き締め（備前焼など）は確実に酒の味が一味おちる。私にとって徳利はナントカ焼や陶芸作家の作品を鑑賞するものではなく、酒をうまく飲む大切な道具なのだ。

さて盃は、形で大別して、筒型のぐい飲みと逆三角形の盃。素材で、土もの陶器と白く硬い磁器の二種に分かれる。

最近はどこの居酒屋も陶器のぐい飲みばかりだが私は断然、磁器の盃がいい。筒型ぐい飲みは、飲み干すのに角度を九十度以上傾けねばならず、どうしても顎《あご》を上げのけぞって呷《あお》る姿勢か、首を突き出しクイと上を向く貧乏くさい格好になる。しかも縦に深く、途中から一気にどっと流れ出てあわてさせ、飲みにくい。

その点、間口ひろく底の小さな逆三角形の盃は、外へ開いた縁を軽く下唇にあて安定させ、手先で少し（三十度ぐらいか）傾けるだけでスッと飲め、見ていて誠に姿がよい。冷や酒はキューッ、常温はグビグビでもよいが、燗酒はあおるのでなく、チビチビでなく、ひと口をスイときれいに飲むものなのだ。

また、手にした時の形の決まり方もちがう。筒型ぐい飲みは指の腹をべったりとくっつけて持つ形になり、なんとなく不潔感がある。その点、盃は薄い縁を親指と中指で軽くはさむだけで、接触面が少く、軽快で、しかも他の指はぱっと外へ開き、ますます華やかになる。作家山口瞳は自著『礼儀作法入門』（新潮文庫）の「酒の飲み方盃をどう持つか」で「ヒトサシユビとオヤユビで持つ」と書いており渋い持ち方だ。あなたは中指派？　人差指派？

ただし女性の場合はこうでなく、上に向けた掌の指先へちょこんと盃を置き親指を添える形にすると様子がよく、もう一方の手を添え少し隠すようにスイと飲む。この形の美しさでは山田五十鈴《いすず》がナンバーワン、また男の盃の扱いでは市川雷蔵にとどめをさす。女性の肘《ひじ》を突いた片手飲みは厳禁ですぞ。

また、土のものである陶器と石に近い磁器では確実に温めた酒の味も違う。土のものはどうしてもひとつ重くなり、日本酒の華麗な香りが立ってこないようだ。

ぐい飲みは戦後のものではないだろうか。戦後、作家や文化人と称する人が、民芸ブームにのり、手びねりのぐい飲みを「こういうのが味があっていいんだ」と文学趣味で持ち上げて、広まったのではないか。ビンボーだけど見識高く一家言ある方々の好み。総じて、ぐい飲みは陰気で鈍重、盃は華やかで軽快、というのが私の偏見だ。

色、柄はそれぞれ個人の好みだ。男ならば大ぶり白磁にキリリと紺の染付、女性ならば小ぶりに朱や黄で美しく。また男も時には、豪華九谷で天下の殿様を気どるのもよい。

色んな盃をざるに盛り、好みのを選ばせてくれる店は愉《たの》しい。私はまず盃を探す。

磁器の盃はあまりみかけなく、あるとうれしい。気に入りの盃に酒を注ぎ、注いだ姿をまず眺め、ひと口干し、また眺めて悦に入るのは良いものだ。

私が居酒屋の盃で、これはベストと思ったのは博多《はかた》の名店「さきと」の盃だ。間口たいへん広く浅い薄手の磁器。外へ開いた口受けは優美な曲線をもち、白地に吹き墨で桜の花を一、二輪形どり、ほんのり桃色が染まる。

この盃は、記憶では地方で二、三度見かけたことがありどこかの量産品らしい。尋ねると、店をはじめる前に露店で大量にみつけ全部買っておいたもので、今どこで手に入るかは分からないそうだ。大きさといい、厚さといい、側面のカーブといい、絵柄のほど良さといい、究極に洗練された形で、持ちやすく、飲みやすく、日本酒を味わうよろこびを完璧《かんぺき》に満たしてくれる。

新宿「鼎《かなえ》」の盃もさきとと同型の大ぶりで、私が山形のなんでもない瀬戸物屋で買い日頃使っているものだ。これは最も安価な白地の量産品に絵をほどこしたもので、安いプロトタイプが盃の究極のフォルムだった。

さきとでは、この盃に合わせ同じ仕様、図柄で一合徳利をオリジナルで注文製作し、対《つい》となるようにした。この徳利がまたたいへん良い。さっぱりと硬く清潔。そこにあっさりと染付の山水をあしらい、華やかすぎず、禁欲的すぎず、落ちついた男の風情《ふぜい》をただよわせ理想的だ。

　盃といえば東京人形町の名花と言われる（私の言う）洗練された高級名店「きく家」で、たいへん良いものを見た。

　きく家はぐい飲みもあるけれど盃に力を入れ、ざるの中のいろいろを見ているうち、割合大ぶりの古風な染付図柄のものが気に入った。それはなんと店を改築する時、土地を掘った中から出てきた出土品なのだそうで、私はびっくりした。人形町は江戸時代に公認の遊廓《ゆうかく》がひらかれ、明治以降水天宮の門前町として栄え、名妓《めいぎ》、人形師の住む古くからの粋《いき》な町だ。その地に埋もれていた盃で酒をのめるとは！　しかもそれを客用に使っている。

「この商売ですから、何か縁起を感じましてね。皆様に使ってもらおうと思いまして」

　その盃の一杯はことのほかうまかった。

手酌、お酌

徳利と盃《さかずき》の組み合わせは、酒を飲むときにたいへん素晴しい副産物を生んだ。すなわち「注ぐ愉《たの》しみ」である。

一人酒は手もちぶさたになることがある。その時、この手酌がちょうどよい仕事になってくれる。注ぎっ放しの冷や酒やワインにはこれがない。徳利を手に持って注ぎ、徳利を置き、手を盃に持ちかえて口に運ぶ。これがよいリズムを生む。昔、まだ一、二歳の甥《おい》っ子がコップの水を繰り返し飽きることなく右左に注ぎかえているのを見ていて、ヒトは本能的に水を注ぐのが好きなのかもしれないと思った。

バーでも私はバーテンダーが端正な姿勢で目をこらし、グラスに酒を注ぐのを見ているのが好きだ。私は居酒屋もバーも好きだけれど、バーをうらやましく思うのは、バーテンダーには酒を扱うメソッドがきちんとある事だ。瓶の持ち方、キャップのひねり方、注ぐときの右手の角度と左手を置く位置。注ぎ終えてクロスで瓶口を拭《ぬぐ》いキャップをして元へ戻す。一連の流れは毎回寸分の狂いもなく、これがカクテルになるとさらに複雑な動きが加わり、一流のバーテンダーほど姿勢よく、正確で、手を抜かない。私のバーの愉しみはこれを眺めることにあり、そのためにできるだけカウンターの良い位置に座る。

日本酒にはこういうメソッドがないのが残念だ。お茶の心得があればそうかもしれないが、居酒屋は堅苦しい座敷ではない。それでも私は京都の「赤垣屋」で、渋いお燗番《かんばん》の流れるように型の決まった所作をみて感嘆したことがあった。

横道にそれたけれど、徳利と盃はその酒を注ぐ行為を一人で愉しめる。何か単純な動作のある方が頭をカラッポにできてよい。

この注ぐ動作＝酌は、また、相手に注いでやる、お酌するという美風を生んだ。そうして、さしつさされつというコミュニケーションが生まれた。

お酌の良いところは、無言の好意を形で表わせることだ。ひそかに心寄せる相手にお酌するときめき。またそう想《おも》っている相手からお酌された嬉《うれ》しさは誰しも憶《おぼ》えがあると思う。また男ならば敬意をもつ目上の人から、黙って徳利をさし出された喜びを知っているだろう。

夫婦や恋人が喧嘩《けんか》しても、相手がお酌を受けてくれるだけで少し気持ちもやわらぐ。

もし向こうが注ぎ返してくれれば、それはまたひとつのサインだ。言葉にしにくいことを徳利が表現してくれる。また、失意に沈む友にはヘタな言葉よりも無言の酌がいい。男二人、難しい話になった時、相手に注ぎ、自分にも注いで徳利をおき、盃に持ちかえひと口飲む動作で間をもたせ、おもむろに「……でもな」と口を開くのは、互いにグラスを手におし黙っているよりもやわらかくなる。小津安二郎は初老の紳士が酒を飲むこんな場面を巧みに描いた。

戦後、女性の地位向上にともない、お酌は封建制の遺物のように言われたが良いところもあるのだ。もちろん強要し、女性を酌婦まがいに扱うのはいけないが、女性も好きな男にはお酌してみたいのではないだろうか。

映画の中の酌ではやはり小津の『東京物語』（昭和二十八年）で、亡《な》くなった息子の嫁・原節子が義父の笠智衆《りゅうちしゅう》にお酌する場面が好きだ。老境を迎えた笠智衆・東山千栄子の夫婦は上京し、未亡人となった嫁の下宿を訪ね、実の子供たちよりもこの嫁が心優しい気持ちを持っているのを知る。

「お義父《とう》さま、ひと口いかがですか」

「そうだね、ひと口いただこうか」

片手を添えた原節子の徳利を、笠は両手で盃を持ちお酌を受け、ちょっと拝むようにして口へ持ってゆく。しみじみした気持ちの交流を台詞《せりふ》をつかわなくとも万人に分からせた名場面だった。

　地味な居酒屋の片隅で、質素な恋人同士や若夫婦が、いか大根煮かなんかを間に時々、酌をしあっているのを見たりするのは良いものだ。また中高年の男二人が笑いながら、また「フムフム」とうなずきながら時折、相手に酒を注ぐ光景も、いかにも肝胆相照らすようでいい。

　西洋にもこういう「さしつさされつ」の習慣はあるのだろうか。男同士、酒を注ぐのはもちろんあるだろうが、婦人が酒を注ぐということはない。西洋では酒を注ぐのはボーイの仕事と決まっており、とくに貴婦人がそういう事をするのは厳禁という。西洋人はさしつさされつの愉しさを知らないのだ。私は毎年の暮、故郷の両親のところへ帰り、大晦日《おおみそか》の夜コタツに入って、母から「ご苦労様」と一杯酌されるのが千金の酌だ。そして父に徳利をむけるのはいちばん嬉しい酌である。

　気持ちはあっても、あえて言葉にしない日本人だから、お酌というものを発明したのかもしれない。

焼酎《しょうちゅう》は人生の味

酒好きも中年を過ぎると、焼酎党の増えてくるのはなぜだろうか。

ご存知のように焼酎はスピリッツ＝蒸留酒だ。酒には醸造酒と蒸留酒がある。私の思うには、醸造酒（ビール、ワイン、日本酒など）は旨味《うまみ》をもち、ビールに串《くし》カツ、ワインにチーズ、日本酒に刺身、のように食べものと一緒に愉《たの》しむ食中酒である。対して蒸留酒（ウイスキー、ブランデー、ジン、ウオッカなど）は味よりも、香りと酒の強さ（高アルコール度）に特徴があり、肴《さかな》はあまり必要とせず、酒自体を愉しみ味わう。食べもののあるレストランや居酒屋には醸造酒が置かれ、酒を愉しむバーは蒸留酒を主体とし原則としてビールやワインはない。

この二つは酔い方もちがう。醸造酒は気分がゆるみ、だらしなくなり、女性に声かけてみたくなる軟派の酔いなのに対し、蒸留酒は理屈っぽくなり議論のはじまる硬派の酔いだ。恋をするなら醸造酒。ものを考える（一応、議論がそれだとして）なら蒸留酒。女性と飲むなら醸造酒、男同士なら蒸留酒。つまり醸造酒＝女酒、蒸留酒＝男酒、という感じがする。

焼酎は日本酒の繊細華麗な味わいと違い、ドライな飲み口が身上だ。そのうまさは単純で、単純ゆえに最後まで調子がくずれない。肴はなんでもよく、焼酎は焼酎だからという割り切った飲み方だ。個人的には豪華刺身盛合せよりもサツマアゲか煮干し、沢庵《たくあん》のシッポのような割合つまらない（と言ってはいけないか）ものの方が合うと感じる。

そうすると中年を過ぎて焼酎党へ変わる理由がわかってくるだろう。ある年齢になり、恋愛や美食も体験し終え、また酒そのものも、若さにまかせた無茶飲みも経験し、また年代物ウイスキーや大吟醸の華麗な酒の味も知り、今はむしろ平凡な一杯をしみじみ味わう心境。つまり人生経験を積み、ある種の「達観」に至ると焼酎党になるのである。年齢およそ五十代か。

それはまた一つの人生観の到達とも言える。焼酎の飾りのない味や香りは、出世や栄達には無縁でも、どこか一本自分の筋を通してきた市井《しせい》の男の枯れた風格といったものがある。男の五十代といえばおよそ自分の一生も見えてくる頃だ。地位を得た男も、また不本意をかみしめる男も、どちらも残りの人生に思いをめぐらせれば、虚飾や名声よりも自分なりの本質を大切に生き終えたいと願うのではないだろうか。その時、手にする酒が焼酎なのだ。

この場合の焼酎とは甲類焼酎（ホワイトリカー）ではなく、乙類焼酎（本格焼酎）のことだ。輸入粗留アルコールを水で割っただけの甲類は、無味無臭なので各種味香りづけ（レモン砂糖水とか）をして製品にする人工的なものだ。これを炭酸で割ったものが焼酎ハイボール、チューハイである。よく焼酎に梅干を入れて飲むけれど、甲類焼酎はそんなことでもしなければ、うまくもなんともないからだ。

乙類は米、麦、芋、黒糖などの原材料を麹《こうじ》で発酵させ、蒸留し、長期熟成を旨《むね》とした本物の酒である。乙類焼酎の本場は九州、そして沖縄に尽きる。沖縄の琉球泡盛《りゅうきゅうあわもり》、熊本の球磨《くま》焼酎、長崎の壱岐《いき》焼酎は、産地のみが使える名称「地理的表現の産地指定（コニャック産のみをコニャックと名乗れるのと同じ法）」を受けている。

東京、伊豆《いず》諸島も焼酎圏である。江戸時代末期に鹿児島出身の丹宗《にそう》庄右衛門《しょうえもん》が八丈島に救荒作物として甘藷《かんしょ》の栽培を普及させ、さらに鹿児島から焼酎の製造設備一式を取りよせ、甘藷焼酎の醸造法を島民に伝授したということだ（『日本の名酒事典』講談社）。

私は時々八丈島へ行き「春風」や「島の華」「御神火」などの焼酎を愉しむ。肴は名物のくさやだ。外洋の八丈島は黒潮の魚の宝庫で、新鮮な厚切りの刺身を島特産の超辛の青唐辛子を浸した醬油《しょうゆ》で食べるうまさと言ったらない。これには甘味のある日本酒よりも、ドライな焼酎が断然合う。

またもちろん焼酎といえば鹿児島の芋焼酎だ。一時は手に入れにくいため幻の、と言われた「伊佐美《いさみ》」「森伊蔵《もりいぞう》」ばかりでなく、私は何度も鹿児島へ行き「富乃宝山」「伊佐大泉」「さつま島美人」「村尾」「八幡《はちまん》」や、屋久《やく》島の逸品「三岳」、奄美《あまみ》の素晴しい黒糖焼酎「朝日」のうまさを知った。

数年前の秋、鹿児島県川辺郡の小さな焼酎の蔵「八幡」を訪ねた。昔のままに地面に首まで埋めた六十個の甕《かめ》をゆっくり櫂《かい》でかき回す若い四代目の他に働くのは、さつま芋を畑から掘り、洗い、切る、奥さん、お母さん、近所のおばさんだけである。四代目が単式蒸留機から出てきたばかりのハナタレ（初留）を直接グラスにとってくれた。アルコール度六十度、まだ温かい。ひと口含み、かくもうまい酒がこの世にあるのかと、しばらくぼう然とした。

そのうまさとは、絹のようななめらかな舌ざわりの奥にひそむ、包容力のある甘さである。焼酎は辛口と思うかもしれないが、飲み口はドライでもピリピリはしない。甘さは含んだ瞬間には判《わか》らないが、飲みなおした後の香りにじんわりそれが残り、気分をゆったりとさせる。いわば頑固親父《おやじ》にこっぴどく叱《しか》られたけれど、後になりそれが本当の温かな親心であったと気づくような感じだ。

今や乙類焼酎の人気は大変なもので日本酒を凌駕《りょうが》する勢いだ。それも日本酒党よりはウイスキーなどの洋酒党からの転向が多いというのが蒸留酒派なのだろうか。

『旨い！ 本格焼酎』（ダイヤモンド社）の著者山同敦子さんは、日本酒に旋風を巻き起こした「十四代」の高木顕統さんが〝日本酒界のイチロー〟なら〝焼酎界のイチロー〟は「富乃宝山」の西陽一郎さんだと書く。西さんは東京農大で先輩高木さんに「俺は日本酒で天下を取る、お前は焼酎で天下を取れ」と言われ奮起し、今のニュー焼酎ブームの火付け役となった。私は以前鹿児島に行ったとき、ある酒屋に「弱冠二十×歳の杜氏《とうじ》がつくった焼酎」と小さく貼紙《はりがみ》されたのを見て試飲させてもらい、従来の土臭さのないすっきりした味に驚いた。それが西さんの「富乃宝山」仕込み第一号だった。この成功は焼酎の若い蔵人を刺激した。今や「萬膳《まんぜん》」「佐藤」「魔王」「長雲」「あまみ朝日」など、それまで誰も知らなかったような名前が熱くささやかれている。

東京青山や渋谷に、びっくりするほどモダンな焼酎バーがある。焼酎はまだまだ確実に伸びてゆく。日本の国酒には、醸造酒（日本酒）と蒸留酒（焼酎）の二つがそろっているのは嬉《うれ》しいことだ。

焼酎の中でも別格は琉球泡盛だ。泡盛は十五世紀ごろ、盛んに海外交易をしていた琉球王朝がシャム国（現在のタイ）のラオロンという蒸留酒から学び独自に完成させた酒といわれる。泡盛は今でも原料はタイ米と黒麹だけの純米酒で、甕熟成させて酒質を深め、年代物は古酒（クースー）とよばれる。

泡盛、とりわけクースーはうまい。実にうまい。私は沖縄へよく行き、居酒屋で沖縄特産の島ラッキョーを肴にクースーオンザロックを飲むと、心から解放された気持ちになる。そこへサンシンの音色でもきこえてくれば言うことなしだ。私のある友人が、鹿児島から沖縄にかけて島づたいに続く焼酎の数々を、「南海の宝石」と美しく例えた。

泡盛のうまさは独特の深い香りとコクだろう。泡盛古酒のうまさは世界の酒の中でも最高位であると言う人もいて、私もそうかもしれないと思う。私は今はまだ日本酒の華麗な世界にひかれているものの、いずれ色気に興味もなくなれば泡盛古酒こそ座右生涯の酒になりそうだ。

沖縄系居酒屋は沖縄出身者のみならず根強い人気を持っている。閉塞《へいそく》したヤマトから沖縄へ旅をした人は、等しく沖縄人《ウチナンチュー》のおおらかな生き方と風光に感化されてくる。その憧《あこが》れがこの酒に結晶されている。

肴《さかな》を選ぶ

居酒屋の愉《たの》しみはまた、肴にある。ビールをひと口グイとやり、お通しを一箸《はし》口に入れ、「さて」と品書を検分し始めるのは一番愉しい時だ。酒を頼むとお通し（突出《つきだ》し）がついてくるのは日本だけかもしれないが、なかなかよいものだ。もちろんタダではないけれど、何が出るのかちょっと期待させ、主人のセンスも見たい。お通しはもちろん店のオリジナル品であって、大げさでないものがいい。

東京根岸の古い居酒屋「鍵屋《かぎや》」はいつも大豆を醤油《しょうゆ》でサラリと薄く煮た「みそ豆」が出て、ああ、鍵屋に来たなと思わせる。横浜のこれも古い「武蔵屋《むさしや》」はおからだ。いつ行っても同じものが出るのもよいが、時々変わるのも楽しい。それもワラビひと口とか、秋の里芋衣《きぬ》かつぎ一個など季節感をみせてくれると最高だ。

お通しは注文した肴が届くまでの、しのぎ、あて、なので量が多かったり、味付けの濃いものは興を殺《そ》ぐ。ある銘酒居酒屋でいきなり鯖味噌煮《さばみそに》が出され、そのセンスのなさに閉口した。いかにも昨日の残りものというのはよくない。さりげなくセンスをみせ、食欲増進には酢を少しきかせるとよい。私の好みでは、

一、ジャコと大根おろし（隠し味に酢少し、スダチ一片つけばベスト）
一、ダシ昆布の残りを酒醤油でサッと煮たもの
一、おいしいきゅうりぬか漬五切れ
一、若布《わかめ》と茗荷《みょうが》の三杯酢
一、浅蜊《あさり》と針生姜《しょうが》の煮びたし

こんなものが出てくればニコニコだ。でも自慢の自家製塩辛をお通しに出すのは行きすぎだ。塩辛は居酒屋にとって店の実力をみせる大切な品だから、少量安価といえどもきちんとお金をとって食べさせなければいけない。

そのお通しをつまみ、品書を眺める。

刺身、ねぎヌタ、山かけ、〆鯖《しめさば》、冷奴《ひややっこ》、丸干し、くさや、焼蛤《やきはまぐり》、さつまあげ、おひたし、焼椎茸《やきしいたけ》、いか大根煮、モツ煮込み……。

あごをさすり思案の揚げ句、私なら蛸《たこ》ぶつと焼油揚でスタートだ。大まかな計画としては、生もの（蛸ぶつ）→焼きもの（焼油揚）→酢〆（〆鯖）→煮もの（かれい煮付またはいか大根煮）→様子をみて最後に御飯もの（たらこ茶漬）。そして酒の友の常備品として塩辛とおひたしを座右に置く。「あっさり→濃い味」の流れに野菜をとり入れ栄養バランスにも気を配っているところを見てもらいたい。全体としてはやや食べすぎか。（勝手にしろ）

居酒屋の肴とはこういったものだ。お惣菜《そうざい》を基本に旬《しゅん》の味を組み合わせ、安直を旨《むね》とし、すべて御飯に合う。居酒屋料理の真髄はズバリ、大衆素材をひと味、仕事してみせるところにある。家庭の惣菜でありながら、ひとつ、家庭では出せないプロの味にする。

よく高級寿司《すし》屋が「ウチのマグロは最高ですよ」と威張ってるのを見るけれど、高い金出して買ったものをただ刺身に切るだけだから料理としてはラクなはずだ。居酒屋はそうではなく、その辺で売ってるマグロ赤身でも例えばヌタにして酒飲みの口に合わせるのが本領だ。

居酒屋には居酒屋でしか食べられないものがあるのも魅力だ。丸干し、くさや、塩辛、山かけ、まぐろ納豆、いか丸焼、オニオンスライス、エシャレット、焼椎茸、肉豆腐、冷奴、煮奴、煮込み……。まぐろ納豆を下品、オニオンスライスを貧乏くさいと笑わば笑え。酒飲みの好きなこういうものは料理屋、料亭では出てこない。

最近はヘルシー志向もあってか刺身は大人気だ。上品な白身刺身と吟醸酒はとてもよく合うけれど、小皿の丸干二、三尾を相手に純米酒燗酒《かんざけ》をチビリとやっているシブい酒飲みもいいものだ。一人の時はむしろ、こうキメてほしい。キメたからどうというものでもないが。

四季の季節感を安直に味わえるのも居酒屋のよいところである。季節ものは定番品書とは別に、半紙に筆字で貼《は》り出されたりする。

「タラの芽天ぷら」――もう山菜か、冬も終わったな。

「空豆《そらまめ》」――そろそろ夏場所だ。

「鮎《あゆ》」――オ、解禁だ。酒は常温でな。

「谷中《やなか》生姜」――江戸っ子だねえ、冷や酒くれい。

「焼なす」――生ビールもう一杯！

「新秋刀魚《さんま》」――早いねえ、三陸ものか。今年は高いの？

「松茸《まつたけ》」――外国産でもいいや、焼いてくれ。スダチつけてな。

「生牡蠣《なまがき》、入りました」——これこれ、これには大吟醸冷や。
「新もの、銀杏《ぎんなん》」——秋深し、そろそろ燗酒だ。
「海鼠《なまこ》」——ナマコに燗酒、酒は冬に限る。
「鍋《なべ》ものはじめました」——今年も終わりだなあ。

女房を質に入れても初ガツオ、と言うけれど居酒屋でこれを愉しむ。酒のみのメンツ(?)にかけても、季節の貼紙を見たらためらわず注文するのが飲んべいの心意気である。

また、居酒屋料理は保守的な方がよい。アイデア料理、ナントカのカントカ風、無国籍料理が意外と日本酒に合う、なんてのは意外と合わない。試しの一、二回は面白いけれど、結局冷奴(こんなの料理ではない)で酒を飲んでいる。やはり庶民のつくってきた日本酒の肴、居酒屋の定番ロングセラーはよくできているのだ。

私の思うに、食いしん坊(グルメ?)は知らない味、新しい料理、新しい店に次々に挑戦し、自分のレパートリーをひろげてゆくけれど、酒飲みは酒が飲めれば充分、食べてみなければ分からないものよりも、食べる前から分かっているものを頼む保守的傾向がある。世の奥様は「せっかく色々あるのに、何も冷奴食べなくても」と不思議がるけれど、そういう、思えばつまらない人士なのだ。しかしこれは、ある安定した時間を変わらず持ちたいという酒飲みの心理でもある。

鯛《たい》の刺身で大吟醸もよし、冷奴で安酒もよし。居酒屋は懐《ふところ》が深いのだ。

酒と肴《さかな》の相性

酒と肴の相性、とよく言われる。確かにビールに串《くし》カツ、ワインにチーズ、日本酒に刺身はベストの相性だ。

日本酒のタイプと肴の相性は人それぞれだけれど、その前に、日本酒を飲むとき合い間に水かお茶を飲むことをすすめたい。つまりチェイサーだ。米から作られた日本酒はある程度飲むとどうしても口が甘くなる。その時、水かお茶で口を洗うと次の一杯がまた新鮮においしく味わえる。また日本酒はあまりウイスキーのように水で割ったりしないから、ついついリズムで盃《さかずき》が進み早く酔ってしまうが、それを防ぎ、腹の中で水割りにする。東京三軒茶屋の居酒屋「赤鬼」には「財宝温泉水」という大変うまい水があって、そのペットボトルを一本とり（有料）チェイサーにして日本酒を飲む。

さて酒は、舌が敏感で味のわかるうちに、少々値は張ってもまず吟醸酒の良いものを飲みたい。吟醸酒はそれ自体で大変おいしく肴はいらないくらいだけど、合わせるにはあっさりした、味の濃くない冷たいものがよい。コチ、ヒラメ、カワハギ、生ダコなど白身の刺身や、上等な釜揚《かまあ》げシラス、春先に少しだけ出る生ホタルイカならば最高だ。また冬の生ガキ、生ハマグリと吟醸酒もベスト中のベスト、書いていても喉《のど》がキューッと鳴りそうだ。

繊細にして華麗な高級大吟醸を味わったら、少し落ち着いた中吟の冷やだ。ここでは酢〆ものがいい。〆鯖《しめさば》、こはだ、鯵酢《あじす》。魚の酢〆は居酒屋料理でも粋《いき》でイナセなものだ。鶏《とり》わさ、かき酢、鱈白子《たらしらこ》、アンキモなんかもこの辺でつまんでおきたいところだ。

次は純米酒の常温といこう。そろそろ温いものや焦《こ》げ風味もほしくなる。焼油揚、丸干し、焼椎茸《やきしいたけ》にスダチをギュッと。焼蛤《やきはまぐり》にネギぬたもつけよう。

いい気分になってきた。こうなれば純米酒か本醸造の燗酒《かんざけ》にして後は続ける。まずは酒飲み永遠の友、塩辛を脇《わき》に置き、焼魚、煮魚の大物だ。春のメバル煮は最高だ。野菜ものでおひたしをつけよう。あるいは一人鍋《なべ》にしてもよい。温かく腹にしみわたる燗酒はどんな料理にも合い、小さな盃と箸《はし》を交互に持ち替え、飲み食べるいいテンポをつくってくれる。

これも終わると、あとは飲みたいだけなので揚げ銀杏《ぎんなん》、タタミイワシ、コノワタなど風味だけのものを置き、酒に専念する。

そうして仕上げに私は黒ビールを飲む。和食のお茶、フランス料理のエスプレッソのように香ばしい苦味は、酒や食事をしめくくるのに一番だ。生ビール↓吟醸冷や↓純米酒常温↓本醸造燗酒↓黒ビール、これが居酒屋の酒フルコースで、その時々に合わせて肴を選ぶ。

食べすぎ飲みすぎだって？　まったくその通りだ。私は毎日こんな事をしているわけではもちろんない。貧乏ひまなし。仕事を終えて家へ帰り、家人も寝しずまった部屋で一人晩酌だ。大切にしている吟醸酒に肴はきまって、じゃこである。安くてうまいんだな。

私の感じでは、酒がよければ肴はなんでもよく、煮干しでも焼海苔《やきのり》でも、チョコレートでも飲めるが、いくら料理が上等でも酒が良くないと満足度は半分になる。まずい酒なら飲まない方がよい。

料理旅館や料亭で、まずひと口とミニグラスで果実酒みたいな食前酒とやらを一杯出されるのはとても困る。これがうまかった例《ため》しはなく、最初の一杯はビールと朝から決めているのだ。「これは結構です、早くビールをください」とはなかなか言えないが、この頃はすれっからしになり言うようになった。

料理で商売する料理屋、料亭は不思議にどこもいい酒を置いていない。昔ながらの灘《なだ》の大手か、今やメジャーになった有名地酒どまり。たまに地酒のいいのがありますと出されても、酒飲みから見ると「はてな」と首をひねるものばかりだ。

味のわからないはずはないから、料理を味わってほしい料理人は本能的にうまい酒や料理を邪魔する個性のある酒は避けるのだと思う。酒を飲んでいると「どうぞ冷めないうちに」とそれとなく料理をすすめる。あまり酒ばかり飲んでいてほしくないのだ。

その点、居酒屋は違う。「料理を邪魔する酒」は論外で「酒を邪魔しない料理」でなければならない。同じ食中酒でもフランス料理は料理を決めてから、それに合わせてワインを選ぶそうだが、居酒屋は（対抗することもないが）酒に合わせて料理を選ぶのだ。

東京門前仲町の「浅七」は、昔の江戸の酒の肴を研究し、供しているたいへん優れた居酒屋で、私はここの主人と話していて目からウロコがおちる思いをした。主人の言うには「居酒屋の酒と肴のバランスは、五十一対四十九」。あくまで酒が主役である。また居酒屋の肴は「冷めてもおいしくなければいけない」。せっかくいい気分で飲んでいるのに「冷めないうちにどうぞ」は余計なお節介なのだ。「酒の最高の肴は会話です。話がはずんで肴がとり残されてるのは、楽しんでるってことですよ」とは潔《いさぎよ》い言葉だ。

この店では大勢で同じ品を注文してもそれぞれ一人前で出し、盛り合わせはしない。鍋ものでも一人一鍋の小鍋立てだ。酒飲みにはそれぞれのペースがある。一緒盛りで妙に遠慮しあったり、最後の愉《たの》しみに残したのをさらわれたりの気をつかわせないためだ。冬の逸品「はまぐり鍋」も一人一鍋で、ある人はゆっくり順序だてて一つずつ温め、またある者は一気に煮てぐいぐい箸をすすめる。遠慮のカタマリで見事な蛤が煮えすぎて固くなることはない。

これらは居酒屋の本質をよくついていると思う。つまり居酒屋は基本的に、一人一人がそれぞれに「酒」を愉しむところであって、宴会の場ではないのである。浅七の肴はすべて洗練され完成されたものばかりなのに、酒を主役とし一歩下がって脇役の分を守る。そしてその酒が、これみよがしの高級大吟醸ずらりではなく、燗酒によく向く渋い中級品いくつかなのがたいへん奥の深いところで、肴を必要としない大吟醸でなく、肴も愉しめる酒を置き、酒と肴を愉しむという居酒屋の本質によく適《かな》っているのである。

横浜野毛、山手《やまのて》の住宅地にぽつりと建つ古い一軒の仕舞屋《しもたや》は看板もなくおよそ居酒屋とは分からないが、五時から九時までの短い営業時間に、中高年の常連客がやってくる。その「武蔵屋」を通称「三杯屋」と言うのはここは酒はコップ三杯までと決まっているからだ。ビールは何本でもよいけれど、酒を終えてからの注文は御法度《ごはっと》だ。と書くと頑固な固苦しい店と思うかもしれないが、白髪高齢のお婆《ばあ》さん姉妹二人のまことに健全な居酒屋だ。

ここには肴の品書はなく、客の飲む様子をみて、おから、玉葱《たまねぎ》酢のもの、納豆、鱈《たら》豆腐がぽつりぽつりと出てくる。客は注文する必要がなく、肴の終わる頃は店を出る頃になっている。酒は三杯までは亡《な》くなった先代が決めたそうで、「そのくらいが丁度よい」からなのだそうだ。もっと飲みたければどうぞ次の店へ、という事でもある。もちろん料理はタダのように安い。

これもまた居酒屋の、酒飲みの本質をついている。あれこれ変わったものを食べたり飲んだり、また深酔いしたいのでもない。決まった席で決まったことをする。酒飲みはそれでよいのだ。

武蔵屋は横浜の大手企業や銀行の社長会長クラスもやって来て、皆若く金のない頃からの常連なのだそうだ。

「若い頃、出世払いで飲ませてあげて、いっとき来なくなるんです。働き盛りでヒマもないんでしょう。でも、ある時からまた来たよと訪ねてくれるんですね。それが嬉《うれ》しくて」

白いエプロンのお婆さんの言葉は、居酒屋の、酒飲みの、そして男のロマンチストな一面を語っている。

居酒屋料理は男の料理

酒の肴《さかな》には珍味というジャンルがある。日本三大珍味、ウニ（塩ウニ）、カラスミ（ボラの卵巣《らんそう》）、コノワタ（ナマコの腸の塩辛）をはじめ、ウルカ（鮎《あゆ》のワタの塩漬け）、クチコ（コノワタを干したもの）、カニミソ、のたぐい。どれもほんのひと口あればそれだけで酒を愉《たの》しめるものだ。

魚好きの日本人は魚のワタを巧みに使い、絶好の酒の肴を考案した。その代表格はやはり塩辛だ。「自家製塩辛」、この貼紙《はりがみ》ほど酒飲みの心をくすぐるものはなく、この店の出来はどうかと試してみたくなる。

東京新宿の居酒屋「吉本」では私は必ず注文するが、ある日売り切れだったことがあり、また「今日のはまだです（まだ食べ頃になっていない）」と出してくれない時もあって、この頃は電話で確かめ予約するようになった。もしなければ行かない。あれば二人前とっておいてもらう。塩辛六百円を予約もなにもないけれど、あるとなしでは酒の愉しみがぐんと変わる。

吉本のはまずワタだけ漬けこみ、ある程度熟《な》れたところで刺身を切りこむのだそうだ。どっしりとした量感に柚子《ゆず》皮一枚が風味をつけ、とりわけ冬場に燗酒《かんざけ》でこれをやるのはたまらない。

塩辛はイカの他にも、鰹《かつお》の腸（酒盗《しゅとう》＝高知）、鮭《さけ》の腸（メフン＝北海道）、イカスミ入り（黒作り＝富山）と郷土色ゆたかにいろいろ愉しませてくれる。吉本は珍味の充実した店で、珍しいカキの塩辛や、生カラスミ、コノワタ、カニミソ、鮎ウルカ、に加え塩ウニを置くのが嬉《うれ》しい。

私は生ウニよりも瓶詰の塩ウニ、粒ウニの方が好きだ。ねっとりと香り高いこれさえあればいくらでも酒をのめるけれど居酒屋に置いているところは案外少ない。

青森八戸《はちのへ》の居酒屋「ばんや」の塩ウニは大変おいしく、主人に尋ねるといろいろ試食した結果、むつ湊《みなと》市場にぎっしり並ぶ一坪売場のおばさん戸谷部《とやべ》さんのを選んだと教わり、翌日土産に買った。十年ほど後、ばんやを訪ねた折その話をすると、戸谷部さんは高齢でもう作らなくなったときいた。

北海道、東北、北陸、山陰、九州と、どこへ行っても瓶ウニを土産に買ってきたけれど、産地による優劣は分からず、結局値段が高ければ良品と知った。新宿のある居酒屋で頼んだ塩ウニはいけなくてひと口で残した。きっと安物だったのだろう。

私が日本酒珍味の最高峰と思うのはホヤとコノワタをあえた「莫久来《バクライ》」だ。ホヤのエグ味とコノワタの香りがうまくとけあい、みずみずしい旨味《うまみ》をつくる。青森の居酒屋ではじめてお目にかかり、次に松江で出会い、自家製ではなさそうなのでどこで作っているのか疑問に思っていたが、岐阜のヤマ食という会社の製品と知った。東京築《つき》地《じ》市場の珍味専門店でも手に入る。東京神田の酒亭「鶴八《つるはち》」でこれをホヤワタの名で供している。

このような珍味はどれも塩分と旨味（アミノ酸？）が強く、御飯によく合う。酒は飲めないが珍味ものは好きという人がよくいるのはそのためだろう。旨味を凝縮した珍味はある意味で日本料理のエッセンスと言ったら言いすぎだろうか。

また、居酒屋には干物《ひもの》のあるのが嬉しい。ヘタな刺身より干物だ。干物一夜干しも甘鯛《あまだい》あたりは高級になるけれど、居酒屋では丸干し、目刺し、鯵《あじ》開き、秋刀魚《さんま》開き、イカ一夜干し、そしてクサヤだ。

ほこほこに焼けた丸干しを頭からガブリとやる愉しさは酒飲みならば誰でも知っており、こればかりは高級料亭では決して食べられない居酒屋の特権だ。また、青く光った半生《はんなま》に近い目刺しも、アブラののった良品は家庭で焼くと煙もうもうになるが居酒屋では遠慮なく注文できる。焼きたてに大根おろしを添え、スダチをギュッとしぼる快感はこれまた料亭では味わえない。

私は居酒屋はもっと干物を自家製で作ればよいのになと思う。鰯《いわし》は安いし作るのは簡単だ。居酒屋の軒先に干物カゴがぶら下がっていれば、それだけで入り「アレで一杯」と注文したくなる。青森市の居酒屋「萬灯」の女将《おかみ》は毎朝、河岸《かし》で鰯を選び干物にする。その中生ぐらいの丸干しはそれはそれはおいしく、おかわりし、三度めのおかわりは断わられた。また高知にゆくと、土佐の海特有のメヒカリ、ニロギ、そして土佐ウルメの干物が食べられる。天日干しのこれらをミニ七輪で自分でひっくり返して焼くのも、酒飲みとしてはうれしい仕事だ。

また居酒屋の肴で粋《いき》に感じるのは酢〆《すじめ》ものだ。〆鯖《しめさば》、鯵酢、コハダ、ママカリ。赤身に銀肌のキラリと光る〆鯖などまさにイナセな勇み肌。鯖特有の模様がクリカラモンモンに見え、冷や酒一杯に〆鯖でサッと帰ってゆく江戸っ子を気どってみたくなる。〆鯖は関西では「きずし」と言い、甘酢で割合濃くしっかり〆め、関東では酢洗い程度のあっさりを好むようだ。

酢〆ほどではないが「ぬた」も粋、と言ってやりたい。味噌《みそ》であえるなんて、どこが粋なものか田舎者、と言われそうだけど春先から初夏にかけ、アオヤギとネギのぬたはいかにも、さあこれからいい季節がやってくると気持ちをはずませるものがある。長野県松本出身の私は家でつくる時は信州の赤味噌を使うけれど、東京では白赤の合わせ、関西では甘めの白味噌だ。関西ではぬたを「てっぱい」と言うのはどういう語源だろう。

冬場に入ると昆布《こぶ》〆が登場する。上等ならばキス、ヒラメ、庶民にはタラだ。昆布〆王国は北海道の昆布を大阪へ運ぶ北前船《きたまえぶね》の寄港した富山だ。スーパーのお惣菜《そうざい》売場にもいろんなのがパックで並ぶ。市内の居酒屋「あら川」にはヒラメ、キス、ミズダコ、カジキマグロにフキの昆布〆まであった。ガンコそうな主人は「昆布〆は最上等の昆布を惜しげなく使わなイカン」と自慢そうに、今ほどいて糸を引く幅広長尺の昆布を持ち上げてみせた。

その使い終えた昆布の行き先が気になるところで、ここでは茶碗《ちゃわん》に入れ熱燗を注いだ「昆布酒」をつくってくれた。このような珍味や干物、酢〆、ぬた、昆布〆などは、日本料理の技法の一つを思い切って大胆に力強く用いたものかもしれない。

では居酒屋料理の特徴はと言うと、それはズバリ、「男の料理」だ。女性はおおむね、技巧を凝らした色んなものが少しずつ、ちまちまと盛られ、また飾り多く目に美しい懐石コースのようなものを好み、うすぼんやりと上品な味をおいしいと言う。男は、ごちゃごちゃ盛り合せよりもカツオならそれ、丸干しならそれが一品どんと出されるのを好み、刺身に小さな菊花があしらわれると女性は喜ぶけれども、男の酒飲みは箸でそれを捨ててしまう。食べられないものはいらないのだ。味つけは複雑ぼんやりよりも、明快ではっきりしている方がいい。特に酒飲みはそうだ。酒飲みの男は、だらだら続くコース料理や、何やら飾りの多い盛付けよりも、きっぱり、「酒と塩辛」。この一言で注文を決める。これをしてやはり「粋」と言おう。粋で、男っぽく、酒を引きたてる。これが居酒屋料理の真髄といえよう。

実技編

外回りを見る

居酒屋を赤ちょうちんと言うぐらい、これは居酒屋の目印だ。夕暮れや夜の闇《やみ》にぽつりと浮かびあがる大きな赤い提灯《ちょうちん》は人を引きつける。

また行灯《あんどん》もいい。店の名を書いた玄関脇《わき》の四角い小さな行灯は小粋《こいき》で、いかにも気のきいた着物の若女将《おかみ》が待っていそうだ。打ち水され盛塩でもあれば客を待つ心が伝わってくる。

居酒屋は本来、往来を歩いていて、店構えなり風情《ふぜい》なりに心ひかれ、ぶらりと入るものだ。気に入れば長居し、気に入らねば酒一本で出てゆく。出てまた次の店をさがす。ビルの中ではその気軽さがない。そのため居酒屋はなんとはなしに半アウトドア感を出す。夏であれば玄関を開け放ち、のれんだけで内外を仕切る。往来へ、店内の喧騒《けんそう》とついでに焼鳥の煙も流して酒好きの足を止め、のれんを分ければどんな店かすぐ分かり、素早く品書を読んだりもできる。

この半開放の状態が居酒屋の特徴の一つだ。誰でも中をのぞけ、好きな時に出られる。それでも開けっ放しはナンなので目かくしにのれんを下げる。のれんのそもそもの発生はこれだと思う。

居酒屋に多い縄のれんは、蠅《はえ》は明かるい方へとんでゆく性質があり、昼、暗い店内から蠅を外へやるために考案されたものなのだそうだ。つまり外からは目隠しになりながら風を入れ、中からは蠅を外に出す効果があるとか。

オープンな居酒屋にくらべ、バーはむしろ小さく重いドアでがっちり固め、招かれざる闖入者《ちんにゅうしゃ》を阻止する構えだ。はじめてのバーに入るのには勇気がいるけれど居酒屋の縄のれんなら簡単だ。

私はこの半開放感が好きで居酒屋の玄関があけ放たれていれば、ためらわずその入口近くに座る。そこで風に当りながら町ゆく人や、暮れゆく夕景を見ながら飲む。

東京日暮里《にっぽり》駅を谷中《やなか》の方へ出た脇のそば屋「川むら」の向かいは寺で、夏、開け放った玄関すぐの机に斜めに座り、ほとんど車の通らない通りごしに寺を見ながら酒を飲んだ。休憩なしのそば屋ゆえ（本来、そば屋は小腹が空《す》くといつでも入れるように休憩はしないもの）夕方早く入り、古い東京の夕暮とはこういうものかと思いながら外を見ていた。「川むら」は珍しい地酒や季節の肴《さかな》も充実している。最後はもちろん、そばを一枚たぐった。

　また商店街で飲む酒もいい。東京の古い面影を残す墨田区京島の商店街へ、ある日出かけた。幅四、五メートルほどの車の入らない通りをはさみ、八百屋、魚屋、肉屋、惣菜《そうざい》、お茶、荒物などの店がぎっしり続き、通りいっぱいにまで野菜果物を並べ売っている。その中ほどにやはりそば屋が玄関を開けていた。夕方四時、こういう時いつでも開いているそば屋はありがたい。

　入口脇の机にひじをのせ横座りで通りを眺めながらビールを飲んだ。そろそろ夕餉《ゆうげ》の買物に出てきた母ちゃん、婆《ばあ》ちゃん、走りまわる子供。「えーい持ってけ、大まけだ」と商売に精出す親父《おやじ》、兄さん、おっ母《か》さんを見ながら一杯やるのはなんともよい気分だ。忙しい時は私も、と前掛けのお婆ちゃんもかいがいしく手伝っているのは宝物のような眺めだ。

　こんな、毎日夕方はやめに銭湯へ行き、そのまま近くの居酒屋に入り、決まった席で通りを見ながらビールを飲むような生活ができたら最高だろうと考えた。今はまだ働かねばならないが、年金生活に入ればこの程度のささやかな贅沢《ぜいたく》はできるかもしれない。そのためには銭湯と、よい居酒屋のある所へ住まねばだめだ。やはり歳《とし》とってても、いや歳とればこそ、人が大勢いて活気のある商店街の町へ住みたい。人目を考え小ざっぱりした仕度で……。そんな事を考えながら飲んでいた。町を見ていればこそである。

あるいはもうひとつ。食通といわれた映画監督・山本嘉次郎《かじろう》の本に、川なり海なり、満々たる水を眺めながら酒を飲むのが一番好きだ、という一文があっておおいにわが意を得た。

かねて私の夢想する理想の居酒屋のシチュエーションは、川の、古い橋のたもとの一軒家だ。目印に柳の木があると一層よい。小上《こあが》りに座れば目の下を水が流れてゆく。晴れた日よし、雨降ってまた更によし。対岸の家々に灯がともる頃にはどれだけよいだろうか。

静岡県清水市でそんな理想の居酒屋に出会った。町はずれを流れる巴《ともえ》川にかかる古橋・大正橋たもとの「かね田食堂」だ。小上りに続く庭の少し先には水量ゆたかな流れがある。あたりは町はずれで他に店はなく、対岸に鎮守の森が見えるのもいい。時折、近くの東海道線の鉄橋をガタンゴトンと電車が通過するのも旅心をかきたてる。その時はこちらは三人。店はにぎやかだったけれど、客の来ない雨の日に一人で傘をさしやってきて、ぽつりと窓辺に座り、雨の川を見ながら酒を飲んでみたいと思った。それでも夕闇せまる川風をうけ、名物釜《かま》あげシラスを肴に飲んだビールは最高だった。

居酒屋の良さのひとつは、何も考えず放心できることにある。その時、市井《しせい》の人々、あるいは川の流れでも見ていられたらどんなに幸せなことか。

古い居酒屋を選ぶ

酒肴《しゅこう》の楽しみが分かったら実践だ。

どういう居酒屋へ入ればよいか。私は中高年のいい大人が一人で酒や肴《さかな》を愉《たの》しむには「古くて小さな店」をすすめる。

長く続いてきたのは正直誠実な商売を続けてきたからだ。居酒屋は、たまに食べにゆく特別な店と違い、気に入れば毎日でも通うものだから値段が高くてはいけない。といって安かろう悪かろうでは困る。あくまで毎日通える値段の範囲で、誠実丁寧な仕事が望まれる。自分の懐《ふところ》で飲む飲んべいはコストパフォーマンス意識が高く、そういう店はよく見抜くものだ。

二階、三階もあるような大きな店は団体客も入れ、店も大きな商売をしているからそれを歓迎し一人の客など眼中にない。従業員もやとわれ仕事だから酒や魚のことを尋ねても何も知らない。こういう店は宴会の場所であって、一人しみじみ酒を飲む所ではない。

狙《ねら》いめは小さな一軒家だ。二階に店の人が住んでいればいっそう良い。商業ビルに入るテナント店は家賃を払っており（月五十万とか）、これが値段に反映する。またビルの一室は、室内をどう演出しようがなんとなく息苦しく、店を出てすぐ夜風にあたる楽しみがない。

その点、持ち家の一軒家は地代の必要もなく、古いところであれば設備の償却も終わり、よけいな出費のない分を上質の酒肴の仕入れにまわせ、あるいは安く出せる。また自分の家であればよく拭《ふ》き掃除もして大切に使い小ざっぱりさせるが、借りものは大切にせず、きれいなのは外側だけで中は足の踏み場もなかったりする。住んでいればこそ、きれいに清潔にしておかなければ本人が気持ちよくないだろう。そういうところで飲みたい。ラーメン屋ならば味さえよければパッと食べ、パッと出てしまえばよいが、居酒屋は、そこに居る時間を愉しむところだからだ。

前にもふれたが食べ歩きの大先達・山本嘉次郎《かじろう》が『たべあるき東京・横浜・鎌倉《かまくら》地図』（昭文社刊、昭和四十七年発行、現在絶版）で「安くて、うまいものを食う法」というコラムを書いており、少し引用させていただく。

1　なるべく古い店であること。古い店とは老舗《しにせ》である。何十年何百年と客に愛されつづけてきた店である。それには強い根拠がある。その店で買ったり食ったりしたほうが、客には得だからである。よしんば少々高くても、実質的には、この店のほうがずっとお徳用であるからである。

2　江戸時代からの老舗でなくとも、まず古い建築の店のほうが安心できる。なぜなら建築費も地代も、とっくの昔に減価償却してしまっているからである。無料の家賃、無料の地代で商売しているのである。その分が客の負担にならぬから、安いということになる。いま東京にできた超高層ビル内で出している食いもの屋は、総じて、値段が張り、そのくせ、うまくない。つまりは権利金や家賃がベラボーに高く、そのハネッカエリが客のふところにひびくのである。バカな話である。

3　しかし、古い建築といっても、不潔な汚ない店はごめんである。たとえ建築は古くても、掃除がゆきとどいて、整理整頓《せいとん》された店は、気持ちがいい。店主なり、おかみさんの心が行き届いているのである。

さすがはヤマカジ先生だ。先生はこのあと、4として〈女の客、とくに若い事務員なぞの押しかける店は安くて、うまい店である。女はケチン坊で食いしん坊だから……〉と続けているが、居酒屋はあてはまらない。女性の客とはこういうものだけれど店の雰囲気を悪くすることがある。しかしそれもヤマカジ先生は見抜き、〈日本の女の客に、ぜひお願いしたいことがある。食べ終わったら、ペチャクチャお喋《しゃべ》りをしてないで、さっと席を空けてもらいたいものだ〉と、きちんと注文をつけている。

居酒屋に限ることではないが、居酒屋の場合特に古い店がよいのは、長年かけて主人と客のつくりあげてきた独得の雰囲気、居心地があることだ。レストランや鰻《うなぎ》、そば、寿司《すし》などは味本位なので、よりおいしい店ができれば自然にそちらへ足が向く。しかし居酒屋は酒肴はそれほどでなくても、自分に居心地の合う方を選ぶ。近くにきれいでおいしい店ができたのに、あいかわらず古い店に客が集まるのはよくあることだ。いわゆる、なじみの店だ。

古い店の雰囲気だけはそれこそ一朝一夕にはできない。すすけた天井、柱の傷、使い古した徳利や皿の味わいは時間をかけることでしか生み出せない。木の丸椅子《まるいす》はあくまで長年の客の尻《しり》ですり減り微妙なカーブをつくり、カウンターの角は客のひじで磨かれて丸くなり底光りを放つ。これればかりは有名建築家でもデザイナーでも決して作れないものだ。仮に作れたとしてもそれは意味がない。時間の堆積《たいせき》がそうさせたという事が大切なのだ。居酒屋は日本庭園と同じで出来た時が一番つまらなく、時代がついてしだいに良くなってゆく。

世の中がハイテクに疲れたのか最近の飲食店のインテリアデザインは廃材や古材で古さを演出するものが増えているけれど、所詮《しょせん》これは仮物だ。本物とは店自体が建ったときのまま二十年、三十年と残っているということだ。

私が思うに、居酒屋は、後ろ向きに自分をふりかえる所だと思う。今日一日の労働に自ら「御苦労さん」と言うところ。一杯やってほっと一息つき、今日の仕事を振りかえる。それも肯定的にふり返ってこその酒だ。一日、疲れているのに更に明日はこうして、こう目標たてて、などは考えたくもない。まあ、ちょっと休ませてくれ、そのために居酒屋へゆく。想《おも》いはいつしか「これでオレもよくやってるよ。昔はガキだったが……」と過去へ向く。居酒屋には、今日、昨日、一年前、十年前の昔話がいちばんよく合う。その時目にみえるものが、新築ピカピカのインテリアでは落ちつかない。カウンターの焼けこげ、少し欠けた皿、そこに傷つきながらも日々がんばっている自分を投影し、それを肯定してゆくのである。

隅々まできちんと整頓されているよりも、多少乱雑な方が落ち着くのは誰しも憶《おぼ》えがあると思う。不潔でだらしなく乱雑は困るけれど、神経質にキチンとした店は疲れさせる。むしろ野暮ったいもらいもののカレンダーが意味なくペタリと貼《は》ってあったりするのはご愛敬《あいきょう》だ。

さらにまた、最近は住宅事情も多少よくなったせいか、自宅の居間もピカピカ、女房ご自慢のインテリアは置物ひとつにもセンスがゆき届き、上着でも放り投げようなら叱《しか》られかねない。それよりも、この居酒屋の乱雑さがなつかしい。男とはそういうものだ。

一杯やりながら、古きよき時代を懐《なつか》しむ。居酒屋の妙味はここにあると思う。未来のある若い時は新しいもの、先端をゆくものを追いかける。また若者はそのくらいの気概がなくてはいけないが、ある年齢になり、将来できることの範囲もおぼろげに見えてくると、自分の過去を愉しんでもよいのではないか。つまりノスタルジーだ。

風雪に耐えて続いている市井《しせい》の古い居酒屋は、そんな心のよりどころになってくれる。

どこに座るか

一人で居酒屋へ入るには開店早々の時間がいい。五時だ。店の空気はきれいだし、好きな席を選べるし、魚も全部そろっている。何よりも本日最初の客として「いらっしゃい!」にも気合が入り「さあ仕事だ」という快い緊張感がある。古い店は「口開け」といって最初の客は縁起のよいものとするそうだ。

その期待にこたえたい。今日の口開けの客はいいぞと思われたい。それにはまず身なりをととのえよう。仕事ではないからリラックスした格好ながら、小ざっぱりしよう。歳《とし》がいったらヘタに自己流におしゃれしようと思わず、オーソドックスで上等なものを着ることだ。リラックスといってもみすぼらしくてはいけない。店からすれば服装で人を判断する。

持ち物は何か。カバンやバッグは大げさだ。財布とメガネケースと新聞くらいでよい。

そして、どこへ座るか。はじめての店はカウンターは避けてテーブル席につこう。それも四人掛を一人で占領せず、もしあれば対面二人掛けのあまり上席でない所がよい。「カウンターへどうぞ」と言われても「いや、ここで」と遠慮して腰をおろす。「ビールひとつ」と注文し、おしぼりで手を拭《ぬぐ》い、メガネを出して新聞をひろげる。

これは、店の主人に「ヘンな客」と思われぬようにしているのである。小さな店ならばはじめての客はすぐ分かり、新規客と喜びつつも妙な客ではないだろうなと緊張する。特に一人客はそうだ。

一、小ざっぱりした上等な身なり（金は持ってるな）

一、少ない持ち物（通りがかりでない近所の人だ。大事にしないと）

一、隅の目立たぬ席へ座った（オレに用事があって来たんじゃない。へんに常連くさくしないのは奥床しい）

一、注文して新聞ひらいた（放っておいてほしいんだな。これは気が楽だ）

という印象をあたえ、手のかからない客だと安心させるのである。

実はこちらも安心したいのだ。一人客はカウンターに座るもの、カウンターは一人客の場所だけど、そこはまた客と主人の出会いと対決と社交の場でもある。一人客は話し相手ほしさに座る要素もあり、主人もそれは覚悟している。

しかしいきなり他人と話をするのもお互い気を使う。営業であれば他人との出会いは仕事のはじまりだけど、居酒屋へ仕事に来たのではなく、人間関係をひろげに来たのでもない。といっていつまでも黙っているのはお互い気づまりだ。ある居酒屋主人から、はじめて入ってきてカウンターに座り二十分も三十分もおし黙っていられると、不気味で気になるものですよと言われたことがある。私はある時、渋谷《しぶや》桜が丘の奥まった非常に分かりにくい居酒屋を待ち合わせに指定され、散々さがして入り、相手の来るのをカウンターで一人待っていたが、その十五分ほどの間、店の主人はずーっと、ソノ筋か、それに対抗する筋の人間かと思い緊張していたそうだ。

「△さんと待ち合わせなら、最初からそう言って下さいよ。怖いですよー」

相手が来て主人はほっと苦笑いしたが私のこの御面相では仕方がないか。

と、はじめての客は警戒されるのだ。それを解く。

居酒屋はカウンターごしに主人と軽口叩《たた》きあうもの、というイメージがあるけれどそれで気疲れすることもない。放っておかれ、一意、酒に専念できるのも居酒屋のよいところだ。まずは隅に座り、お互いに（主人も自分も）ほっと落ちついて一杯やろう。

ビールが届いたら新聞を閉じ、まずは一杯。

クイー……。

どんな居酒屋も最初の一杯はうまい。お通しは白瓜《しろうり》の漬物だ。

そうして品書をゆっくり見ていこう。お通しがあるのであわてて注文することはない。これが居酒屋で最も楽しい時間だ。最後までじっくり見て二つのことを考える。

一、この店の実力をあらわす季節の一品を見抜く。

一、それを中心に全体の流れを組み立てる。

その結果、枝豆、蛸《たこ》ぶつ、鰺酢《あじす》、自家製塩辛、メバル煮魚。最後に様子をみて雑炊《ぞうすい》とお新香にしよう。

一、枝豆は簡単そうに見えて豆の良否、ゆで方に気配りを要する。こういうものに手を抜かない店は他の品も良い。

一、蛸ぶつは切って出すだけなので料理というほどでもないが、仕入れのモノの良さが分かるだろう。

一、鰺酢は、酢〆《すじめ》の技と魚の良否をみる。センスが問われるところだ。

一、自家製塩辛は言わずもがな。
一、メバル煮魚。煮魚はめんどうなのであまり居酒屋は作りたがらないけれど、こうして書いてあるのは料理好きなのかもしれない。煮ざましだったら不合格。その場でさっと煮て出すかが判断の分れ目。何をつけ合わせるかにもセンスが出る。
一、雑炊も、一人前つくって六百円は店としては効率悪いが料理の基礎的実力を問われる。卵、鶏、モズク、とあるが主人のおすすめはモズクだろう。お新香が自家製手漬けならばよいけどな。

そんな魂胆をさとられぬようそしらぬ顔で、とぼけて注文した。

さて――

まず届いた枝豆は湯気をあげている。茹《ゆ》でたてだ。ということは開店に合わせて茹でている。これが食べられるから居酒屋は口開けに来るべきだ。一さやしごくと豆がうまい。この甘味と大豆の脂性のコクはもしかすると山形の名品・だだちゃ豆かもしれない。塩加減がちょうどよく、はたしてさやの両端に鋏《はさみ》が入っている。プロは中の豆に塩を通すため一つずつ両端をおとすのだ。よし、枝豆合格。少くともここに来ればうまい茹でたて枝豆でビールをのめる。

続いて蛸ぶつ。おっとこれも温かい。これも茹でたてだ。蛸の茹でたてほどうまいものはない。これなら切らずに脚一本丸ごとでもらいたかった。大葉《おおば》と本ワサビがつき、醤油《しょうゆ》の皿と別に、塩が一盛り豆皿で出された。「よろしければ塩でどうぞ」だな。さっそく、塩ワサビをちょっとつけてひと口。芯《しん》のところだけ半透明の三分茹で、固くないのは相当大根で叩いてあるのだろう。蛸の甘味と香りがさっぱりと塩ワサビでひきたつ。これはうまい。後半は醤油で楽しもう。ヨーシ、酒だ。燗酒《かんざけ》だ。

燗の徳利と盃《さかずき》を運んできたのはなんと七十代と思われる婆《ばあ》さんだ。こんな人がいたのか。多分主人か主人の嫁さんのお母さんだろう。白髪まじりに白い前掛けをキリリとしめ、きちんとお盆で酒を運んでくる。徳利と盃を卓に置き、空の盆と手を前に合わせ一礼した。

「いらっしゃいませ、どうぞごゆっくり」

これは有難いことだ。年寄りの挨拶《あいさつ》には重みがある。思わず「や、どうも」と声が出た。酌などせずにスッと引っこむのがよい。この店は家族でやっているのだろう。年寄りのいる店ならまっ当な商売をしているに違いない。主人を見るとそしらぬ顔で何か支度している。ここはいい店かもしれない。

酒、肴《さかな》を注文する

改めて見まわすと、六席ほどの鉤《かぎ》の手カウンターに、四人掛卓席二つ、私の座る玄関脇《わき》の二人席はここまで四人卓をおくと出入りにせまくなるのだろう。満員で十六人。カウンターに立つのは五十がらみの主人と若いの一人。婆《ばあ》さんは奥で配膳《はいぜん》やお燗番をしているようだ。

徳利から一杯注いだ。ウーム、これはみごとな燗だ。熱からず、ぬるからず。今日の天気に合わせ、キモチぬる燗にしているのかもしれない。派手なところのない、渋く落ちついた酒だ。品書には「酒　四五〇円」としかないがどこの酒だろうか。

最後の蛸《たこ》ぶつ一切れを口にし、大葉を丸めて塩で食べ、口をさっぱりさせたところに鯵《あじ》酢《す》が届いた。作ってあるものを皿に盛るだけだから、蛸ぶつの終わるのを見届けて運んできたのかもしれない。はたして交代に空いた皿を下げ、卓の景色がいつもきれいだ。

むっちりと肉厚の小鰺を開いたのが二枚、腹を上にして斜めにそぎ切りにしている。醤油《しょうゆ》をチョイとつけて口へ。

これは上品な酢〆《すじめ》だ。酢っぱくも甘くもなく、といって酢洗いだけでもない。酢で生臭味《なまぐさみ》を殺しながらも鰺の旨《うま》さを最大限にひき出している。相当いい鰺を使いながら刺身よりもさらに鰺をおいしく食べさせる。ややぬるめの燗にまさにピタリだ。鰺酢をつまみ、箸《はし》を置いて盃《さかずき》にもちかえ一杯やり、また鰺を口にする。この繰り返しの愉《たの》しさよ。いつの間にか無念無想、頭の中がカラになってゆく。

「いらっしゃい」

後ろの玄関が開き客が入ってきた。ジャンパーに集金バッグらしい格好は自営業か。黙ってカウンターに座り「ビール」と一言、ややあっておしぼりを使いながら「枝豆」とつけ加えた。ここの枝豆の味を知っている常連だろうか。

酒を追加すると塩辛と一緒に届いた。鰺酢はもうひと口あるけれど酢〆もので味が単調になりはじめたからいいタイミングだ。婆さんに小声で尋ねた。

「この酒は何ですか？」

「はい、鶴《つる》の友です」

おお、これがあの「越乃《こしの》寒梅《かんばい》」と並び称される新潟の「鶴の友」か。これが手に入るとは、主人は新潟の人かもしれない。その通中《つう》の通の酒を銘柄も書かず、ただ「酒」としている奥床しさ。あるいは、その価値に気づかずただおいているだけかもしれないが。

イカ塩辛は、塩は強くないのにどっしりと重く、ワタの濃厚なコクにむせかえるようだ。平明な「鶴の友」が、このコクと四つに組んで酒の底力を発揮しはじめたのは、まるで若乃花と栃錦《とちにしき》、柏戸《かしわど》と大鵬《たいほう》の横綱相撲のようだ。鯵酢のような微妙な味にはサラリと水の如《ごと》く、塩辛のコクには力感を出す、この酒はなんと奥が深いのだろう。

佳境に入り、ちょっと口がわりをしたくなって、最前のお通し「白瓜《しろうり》浅漬」を頼むと、こんどは別の浅鉢に酢漬のひね生姜《しょうが》を一本添えて出された。染付浅鉢に緑と白の瓜、わずかにピンクに染まるひね生姜が清々《すがすが》しい眺めをつくる。塩辛の生臭味を生姜の一かじりがさっと消してくれる。

「煮魚、いいですか」

主人がはじめて声をかけた。黙っているようでこちらのペースを見ているのだろう。小さい店、主人の目の届く範囲の店はこれがいい。しかも満員だとそうもいかないが、開店早々の今ならゆっくり目が届く。カウンターの一人客は枝豆とビールで競馬新聞だ。常連のようだが別段話しかけるでもない。

気がつくと店内はテレビも音楽もなくシンとしている。シンとしているが少しも気づまりでないのは、客も店の人もそれぞれ自分のするべき事に専心しているからだ。皆が黙って自分のことに取り組んでいる充実した時間がここには流れている。時折、風鈴が涼し気にきこえるのは、どこかに下がっているのだろうか。

平皿に湯気をあげるメバル煮付はみごとだった。胴にスパッと〆《しめ》の字に包丁が入った肉厚のいかにも上等なメバルが、浅く煮汁に浸る板昆布とともに横たわり、木の芽山椒《ざんしょう》がのる。つけ合わせは煮汁で煮た豆腐二口とえのき茸《だけ》と青い分葱《わけぎ》だ。

甘すぎず醤油本位の下地、ほぐした身は白く、煮すぎていないのがいい。一尾丸ごとの煮魚から出るダシを吸った豆腐とえのき茸と分葱がまた格別においしい。あまりのうまさにダシ昆布も全部食べ、この時ばかりは夢中で酒もお留守になった。

小骨を皿の隅にあつめ、ふうと一息つくと主人がちらりとこちらを見た。隅々まできれいに食べ尽した皿を確認したらしい。私としてもここまで食べたことを見てもらいたいような気持ちだ。

さっきの婆さんがおしぼりを持って来て、私の皿を下げながら「きれいにお召しあがりで」ともらした。

「たいへんおいしかったです」

私ははじめて個人的な感想を言った。魚をきれいに食べる習慣をつけておいてよかった。

……さて、ヤマを越し、どうしようか。ビール一本、酒二本。適量といえよう。計画ではモズク雑炊《ぞうすい》だけど、ひと口も残さず食べているので腹もいい具合だ。

しかし、もうしばらくここに座っていたい。酒も腹も満足したけど、この店の静かで落ちついた空間にいましばらく身をおいていたい。よし、もう一本飲んで帰ろう。

私は改めて品書を見た。量が少くてすぐ届くものはないか。

タラコ焼、たたみいわし、焼しいたけ、くさや（これいいな、今度これにしよう）、浅蜊《あさり》酒蒸し、茄子《なす》丸漬……。これだこれがいい。

焼魚をおくような上等な長角皿に中ぶりの茄子がひとつ、たいへん貴重なもののように置かれて出てきた。紫紺に濡《ぬ》れた肌はつやつやと美しく一筋も包丁は入っていない。金気《かなけ》を嫌うのだろう。皿の端にぺたりと和辛子が塗りつけられている。

ヘタを手で持ち、辛子をちょっとつけ、豆皿の醬油にチョンとやって頭からかぶりついた。

――そのうまさよ。この味、この茄子ぬか漬の味は、何十年も前に田舎の婆ちゃんが毎朝ぬか床から出してきたものと同じだ。暑く食欲のない夏休みの午後も、冷や飯にお茶漬サラサラで、この茄子さえあれば食べられた。

私は酒と交互に惜しみ惜しみ、茄子をかじった。さっきの婆さんの手漬けに違いない。これで二百円とは申し訳ないような値段である。

「お、あいてるあいてる」

サラリーマンの四人組がどやどやとやって来たのをしおに私は席を立った。

大満足だ。五千円で釣りがきた。

「どうぞまた、よろしゅう」

婆さんの丁寧な挨拶《あいさつ》に答えてからカウンターに顔をむけた。

「ごちそうさん、また来るよ」

私は主人にはじめて声をかけた。この言葉に偽りはない。

「まいど！」

主人のにっこりした顔と目が合った。

——どうです、いいでしょう。これが居酒屋ですぞ。

店内を見る

こんな出会いも十回に一回くらいはある。げんに枝豆は東京神田「新八」、メバル煮付は東京下北沢「楽味」、茄子《なす》丸漬は東京森下「山利喜」、お婆《ばあ》さんは東京築地《つきじ》の「魚竹」を思い出して書いた。東京幡《はた》ヶ谷《や》の「たまはき」は酒は「鶴《つる》の友」だけ、ただし全種類を飲める。

居酒屋の愉《たの》しみは酒肴《しゅこう》ばかりではなく、店そのものを眺めることにもある。

まず品書を見る愉しみ。例えば東京恵比寿《えびす》の「和《なごみ》」の「早松茸《まつたけ》と鴨《かも》の挟み焼き」「スルメイカの肝あえしょっつる風」「江戸前穴子とごぼうの唐揚げ」「鴨ロースと九条ねぎの酢みそあえ」などなどは、いかにもうまそうに料理が立ちあがってくる。

築地の「魚竹」は今東京で、気がきき、しかも力のある肴《さかな》を出す最有力の居酒屋だ。ここは小黒板に「先週の人気ベスト5」が書き出されて興味をそそる。私の好きな「真たこ荒塩焼」はいつも上位に入っている。欲ばって一度に三つも四つも頼むのは私の悪い癖だ。

店の内装を眺めるのも面白い。特に古い店はいい。昔の店は必ず玄関脇《わき》に簡単な手洗い水道が備えてある。昔の衛生法の定めなのかは知らないが、まず手を洗い席につくのはよいものだ。私はあれば必ずそうする。

戦時中の国民酒場の風を残すかと思われる東京月島の古い居酒屋「岸田屋」の玄関手洗い前には、大相撲番付表が場所ごとに重ねて貼られ、もう相当厚く一番下は昭和四十八年の場所だ。天井際《ぎわ》には開店祝と思われる縁起ものの祝い額、鶴亀《つるかめ》、当り矢、宝船が飾られ、今や黒光りして風格を放つ。

東京神田司町《つかさちょう》、明治三十八年創業の「みますや」の一角は堂々たる神田明神の神棚が上がり、常に青い榊《さかき》ともちろん御神酒《おみき》がそなえられる。近くの湯島のこれも古い居酒屋「シンスケ」も一度改築したが、やはり元の位置に白木も清々《すがすが》しい湯島天神祠《し》が鎮座し、東京神田、江戸っ子の土地柄が店にあらわれる。

古い店でなくても、この一枚板カウンターはいい値段するだろうとか、天井の網代《あじろ》はプリントだ、品書の達筆な筆字は誰が書くんだろう、でもその下の黒板の字はヘタだねえ、あれじゃせっかくの刺身が泣くよ。大体カウンターの端に物を置きすぎだ。親子電話、輪ゴム、電話帳、何かの伝票、領収書にハンコ、テレビのリモコン、区民タイムス、ポンポン按摩《あんま》なんかそんなとこ置くな。少し片附けたらどうだ。そのパンダのぬいぐるみもイラナイイラナイ。と、目を光らせる（?）のに忙しい。

店の人も見る。イガグリ頭の主人は四十五か。無愛想のところは職人肌かな。一回一回、俎板《まないた》をサーッときれいに流すのは見ていて気持ちいいね。あ、マグロ一切れ、口に入れた。味見するのはモノに気を配っている証拠だ。

若いのは息子じゃないな。どこかから預った修業中だろう。がんばれよ。
オ、中から奥さんが顔出した。美人じゃないか。くそーあの親父《おやじ》モテるな。あれだけの美人なのに店に出さないのは味で勝負ってことか。それでよろしいがモッタイナイ気もする。もしこっちへ来たらお銚子《ちょうし》のおかわり頼むとしよう。
清水の「かね田食堂」で、ピンクのセーターもういういしい若奥さん（かな）が台所から出てきて、包丁で両手のふさがる主人の口に黙って何かを入れた。モグモグ。主人は顔も見ずコクリとうなずき、奥さんは「でしょ」とにっこりして引っこんだ。そして届いたワカメと茗荷《みょうが》とシラスの酢のものの味加減はとてもよかった。

私は店に、お婆さんがシャンとして働いているのを見るとほっとする。ご年配なれど客商売だから髪も身なりも小ざっぱりさせ、前掛けをつけあれこれ補助役で働いているのは誠によいものだ。煮ものやぬかみそはこの方の役目と思えば、ぜひ注文したくなる。年寄りの仕事は正直で誤魔化しのないものだ。何より、身についた昔の行儀わきまえが清々しい。

つまり私は、家族が一丸となって働いている光景を見るのが好きなのだ。そろそろゴマ塩頭になった叩《たた》きあげの親方主人が、一人娘の婿《むこ》にきた有望な若手板前の無口な仕事ぶりに目を細め、その二人を婆さんが頼もしげに眺め、美人奥さんはかいがいしく皿小鉢に盛り、勘定方をつとめ懸命に働く。そこへ高校生の娘さんが学校から帰り、二階へ上ったかと思うとエプロンつけ手伝いにおりてくる。白いソックスがまぶしい。なんてのは最高だ。

もしかするとそれぞれ思い悩みはあるのかもしれないが、客前の仕事中なので顔には出さない。だから家族の一番よいところだけを見ていられる。こういう一杯はうまい。

客もまた観察対象だ。あの背広二人組は上司と部下か。よく威張るね。酒場で部下一人つかまえて気炎上げるようじゃダメ、はやく見限った方がいいぞ。隣のテーブルのアベックは二人の世界。オ、女がカツオのタタキを男の口に入れた。男もマヌケだねー「おいしい」だってヨ。見てられないね。

こちらの中年男三人はまた賑《にぎ》やかだ。何の仲間かしらないがワハハワハハといい機嫌だよ。「オーイ、酒」と大声出しても何かはずんでいいや。仲の良い男同士ってのはさっぱりしていていいな。ここで飲んでるのなら罪がなくていいよ。

レストランや食べもの屋は料理が届けばそれに専念し、食べ終えると出なければならないが、居酒屋は酒だけ置いとけばいくら居てもよい。こうした人間模様観察がまた格好の酒の肴になる。それには隅の目立たぬ席がいい。

これが見知らぬ地方の酒場であれば、いっそう味わいはつのる。地方訛《なま》りの言葉、所変われば話題も変わる。米の作柄、市長選の行方、キナくさい談合話。ほおづえを突き、自然に入ってくる話に耳を傾け、盃《さかずき》も傾け、ぼんやりしているのはいいものだ。

秋田市内を流れる旭《あさひ》川にかかる橋のたもとの小さな酒場に入ったことがあった。大きなコの字カウンターひとつの大衆酒場だ。その日はもう何軒めかで、私は大根おろしにとんぶりをのせたのを肴に、ぼんやり手酌していた。

私の左にやや離れ、三人の客が来た。母と娘と兄らしい。娘は二十六、七か。家族で来るにはこの店はいささかわびしい。

兄が注文をまとめるが娘は「いらない」と下を向いている。「お前、何か少し食べんねば」と母の声がする。

「熱燗《あつかん》、盃三つ。あと、おでん」

聞くともなしに話が耳に入ってきた。

どうやらこの家族は父がなく、娘に好縁談が来て家族は勢いづいたけれど、娘は見合いを終え交際したが、気がすすまないらしいと分かった。私は身を固くして聞いていた。

「兄ちゃん、すまね。オラ……」

「いい、すかたね。大事《だいず》な一生だ。思うようにすろ。明日俺が行ってきちんと話つけたる」

兄は妹に酒を注ぎ、しばらくして妹は両手で盃を口に運んだ。

孤独を愉《たの》しむ

居酒屋の効用のひとつは、ぼんやりしていられることだ。

ぼんやりぐらいどこでもできそうに思うけれど、例えば家でぼんやりしていると「どうしたの?」と声がかかる。新聞を読むとか、テレビを見るとか、何かしていないと周りから見て不安になるのだろう。こちらも女房が座ったきりぼんやりしていれば不安になる。沈みゆく夕陽や、夕暮から次第に夕闇《ゆうやみ》になってゆく窓の外、しとしとと降りゆく雨などを、何を考えるでもなく、ただぼんやり眺めているという事をしてみたいものだが。

家の外でも同じだ。公園や駅のベンチで何もせず、ぼんやりしていると薄気味悪がられ、警官に「何をしているのですか」と尋問されかねない。「ぼんやりしています」と答えればよけいあぶない。

電車に乗るとぼんやりできるが、いつまでもそうしていると知らない所まで行ってしまう。サウナではぼんやりできるけれど、ぼんやりするために服を脱がねばならぬのも大変だ。

男ひとり、ぼんやりできる所もないのか。そういう時は居酒屋だ。しかも酒まである。酒を置き、時折ちびりとやっていればいくらぼんやりしようとも怪しまれない。貧乏症で何かしていないと落ちつかない人も、「ぼんやりする」をしてみたらどうだろうか。

仕事が夜型の私は深夜二時頃家に帰り、家人も寝静まった中、パジャマに着替え、冷蔵庫から何か出して一杯やる。その時間が最大の愉しみだ。新聞をひらく時もあるけれど、世の中ろくな事はおきていないから早々に閉じ、ぼんやりする。音楽をきいたり本を開くこともしない。静かな夜、酒を相手に一人ぼんやりしているのはいいものだ。昔は何もしないでいるのは勿体《もったい》ないと思ったが、今は何かするのは勿体ないと思うようになった。ボケた？　ハァそうかもしれませんが。

居酒屋も同じだ。隅の方に座り、ぼんやり酒を飲む。はじめは何かしないと落ちつかないかもしれないが、これも慣れだ。古い居酒屋で、こういう何もしていない一人客の男をよく見かける。そこだけが彼の一人になれる場所なのかもしれない。

まとまった事を考えようとしても、もう酒が入ってしまったからだめだ。むしろそうなりたいために酒を飲む。酒とはよいものだ。人間、一日一回はぼんやりしなくちゃ。

何をぼんやりしている。少しはピリッとしろと言われそうなので無理矢理考えよう。居酒屋の特徴は、半分パブリックな場であることと思う。会社や仕事の場は完全にパブリックで公人としての自分がいる。家は完全にプライベート。横になろうが裸で酒飲もうが自由だ。

居酒屋はその中間だ。ぼんやりしているとはいっても公共の場。常識ある振る舞いが求められ、最後は勘定して出てゆかねばならない。その程度の緊張感がまだ残っているバランスがいい。

一日の仕事を終えた時はどこか頭の中に興奮が残っている。それをそのまま家庭へ持ち帰られては女房も大変だろう。まだ顔は怖いし、「あれはどうなってるんだ」と言葉も会社言葉だ。早々に風呂《ふろ》でも入れて一本用意せねばならない。少しでも遅れようなら、「まだか、段どりが悪いからだ」と部下を叱《しか》るようだ。そのためにはどこか居酒屋で少し頭をクールダウンさせて帰ってもらった方がラクなのだ。……と、正当化して。

私はぼんやりする事を、もっと積極的に（?・）、孤独を愉しんでいる、ととらえたい。何ものにもわずらわされず、本来の自分に返っている時であると。

孤独を愉しむのならば、部屋に閉じこもるとか、一人山に登るとかキャンプをするとか、人との接触を断つのが一番で、これはこれで良いものだ。

それもいいが、群衆の中に在って孤独、他人のうずまく市井《しせい》にあっての孤独もまた、なかなか良いものなのだ。人嫌いで孤独を好むのとはちょっと違う。周囲に大勢の人間がいるからこそ孤独に味が加わるといおうか、強まるといおうか。深夜の一人酒も良いけれど、他人の大勢いる中での一人酒もまた良い。

都会の良さは他人に無関心なことだ。アパートの隣人も知らない都会の暮らしと否定的に言われるけれど、だから良いのである。正確には、何かの時は助け合うにやぶさかではないが、ふだんは知らん顔してるのがマナーだ。

何の目的もなく雑踏の中を歩く、歩き疲れたら喫茶店に、居酒屋に入る。これは都会の愉しみである。大切なのは周囲の誰ひとり、自分を知らないことだ。知り合いに(家族でも)会ってしまえば、多かれ少なかれパブリックな自分を出さねばならない。路上でばったり知人に会うのは嬉《うれ》しくもあるけれど、わずらわしくもある。人に会いたくなくて人の中へ出てゆく。群集の中の一粒になりにゆくことが都会ではできる。

誰も自分を知らないというのは、別の人間になれることでもある。変装して悪いことをしようというのではないが、別の人格を装《よそお》うこともできる。そこまでしなくても、ともかく今は自分一人だ。男が一人になって何をするか。それはやはり、酒を飲むのが一番ふさわしい。

男ひとり、ぼんやりできる所はないものかと書いたけれど、都会は案外それを多く用意しているのかもしれない。パチンコ、ゲームセンター、バッティングセンター、野球場、競馬場、映画館、銭湯、寄席《よせ》……。これらはギャンブルとか娯楽の第一目的はあるものの、その中にいると一人になれるという心理もあると思う。損すると分かっていてもパチンコにゆく。人間のうずまく都会だからこそお金を払ってでも一人になれる場所が求められる。

居酒屋もそうだ。一切の人間関係から離れて自分を取りもどす。取りもどすと言っても何かするわけではなく、ただぼんやりしている。その時に居酒屋ののれんをくぐるのである。

これが、知らない町や旅先であれば解放感はいっそう深くなる。旅の恥はかき捨て、もいいけれど、誰も知らない所だからこそふだんはできない気どりを演ずることもできる。誰も見てないから何をしてもいい、となった時にこそ、その人の本来の人品があらわれるものだ。であれば旅先ぐらい、本当はこうありたかった自分になってみるのもよい。シブい旅の酒飲み、とか。いやこれこそ本当の旅の恥のかき捨てかもしれないが。

都会の居酒屋へ入るのも小さな旅だ。男も中年をすぎたら人品が問われる。誰も見ていないからこそ、照れずに堂々と、自分のかく在りたい姿、かく在りたかった姿で酒を飲もうではないか。それがあなたの流儀なのだ。

主人との話し方

数年前、今のところに仕事場を移してから居酒屋にはとても不自由になった。このあたり（東京白金台）には居酒屋が全くない。私としては不覚だが、ちょうどよい、なまじ誘惑のあるよりは仕事に精出そうと殊勝な（？）心がけでいた。その後しばらくして小さな店をみつけた。

歩いてすぐ近く。カウンター七、八席に机二つ。親父《おやじ》と娘さんと奥の台所にいる奥さん三人の、小ぎれいなモダンな店だ。酒は「神亀《しんかめ》」「越後《えちご》鶴亀《つるかめ》」をおき、生ビールがとてもうまい。小ぶりの上品な焼鳥と気のきいた肴《さかな》。刺身や大きな料理はないが、軽く酒を愉《たの》しむには十分だ。

有難いのは夜十二時までやっていることだ。夜型の私は夜おそくまで働いているけれど、それでも十時すぎあたりにうまい具合に仕事の切りのよくなる時がある。あとは明日やる方が能率的だな、そうなるとしめしめと出かけてゆく。

二、三度通い、気に入って考えた。この店はよく来ることになりそうだ。またそうしたい。であれば、できるだけ店の親父と話をしたり親しくなるのは避けよう。よく来るけれどどこの誰か知らないままにしておく。もちろん知られたからどうというわけでもないが、近所なだけに他人でいたい。以来、夜十一時頃入り、閉店のムードになると最後の一人にならぬよう一足はやく出る飲み方が続いた。

「生ビールとサビ焼にラッキョー」

鶏《とり》ささみに山葵《わさび》をつけて焼くサビ焼、甘酢でない塩漬けラッキョーに鰹節《かつおぶし》の粉を少しかけたのはいつも注文する。注文以外、口をきくことはなく、いつも盃《さかずき》片手に壁にもたれぼんやりしていた。カウンターを避け二人掛の小さな机に座り、意識的に店に距離をおいた。

別段、私好みの古い造作とかではなく、清潔で嫌味のない小さな台所といった平凡さがいい。観察したりするほどのものは何もなく、店自体に格別興味もわかないので、かえってぼんやりしていられた。

話をしない人と決めてしまえば、店の親父もヘンな客と思ったかもしれないが、何も声をかけてはこなかった。店も何もないこのあたりは知り合いに会う恐れもまったくなく、黙って酒を飲んでいられ、なかなか気分が良かった。

一年あまりすぎた頃、仕事場で打ち合わせを終えた夜おそく、相手の人にちょっとビールでも飲みたいなと誘われ、その店に連れていった。

あけっぴろげなその人は即座に店を気に入り、たちまち親父に「この男（私）は酒だの居酒屋だのウルサイ奴《やつ》なんだ」とべらべらしゃべり、私は身もフタもなくなってしまった。

それからは黙っているわけにもゆかなくなった。親父は話してみれば気《き》っ風《ぷ》がよく、結局、話をするようになった。

居酒屋に限らず、ある店に毎日のように顔を出すと常連ということになる。店にとっておなじみさん、常連ほど有難いものはないが、客はそれを鼻にかけてはいけない。常連というと、主人に「ちゃん」づけで声をかけたり、「いつもの」（おお恥ずかし）と言ってみたり、声も態度も大きく、親しさを誇示するものと考えそうだけど、私はあちこちの居酒屋で観察するうちに、本ものの常連はそうでないことに気がついた。今書いたような態度の客は常連扱いしてほしい客なのだ。

本ものの常連は開店間もなく黙って入って来て、その店の一番末席、よくない席に座る。カウンター端や、隅の机は落ちつく上席。そこには空いていても座らず、トイレや玄関脇《わき》に席をとる。

ぼそぼそと酒と肴を注文。品名は略さず正しく言い、その店のおすすめ品を選ぶ。そうして、主人と話をするわけでもなく、なんとなく店内を見まわし、三十分もすると席を立ち帰ってゆく。勘定の時、主人に小声で「アレ、返しといたからな」などとぼそりと言うので常連とわかる。

常連はその店を好きで仕方がなく、今日も客が入り、うまくいっているかを心配して見まわりにゆくのだ。開店早々に入るのは客の呼び水になるためだ。誰も客のいない店は入りにくい。そのため我が身をさし出す。末席をとるのは、もちろん他の客に上席をゆずり、居心地のよい落ちつく店と思ってもらうためだ。注文も、この店のおすすめはこれです、という他の客へのさりげないアピールである。

主人と話さないのは、実は毎日来てるのでもう話がないのである。また常連が大きな顔をしている店は嫌われると知っているからだ。主人の方も、どうせ毎日来るのだから余計なサービスはおろか、話もしない。そしてほどよく客でいっぱいになると安心し、席をゆずり、帰ってゆく。

この店がなくなっては困る。なんとか今日一日も無事まわってほしい。そのため、頼まれもしないのに自分の役割をみつけ黙々と果たしてゆく。これが本物の常連だ。酔客の狼藉《ろうぜき》でもあればたちまち首根っこつかまえ、外へ引きずり出すぐらいはする。

客商売の主人はそれはできないので自分が買って出て客同士の喧嘩《けんか》にすりかえてしまうのだ。でかい態度をとるのとは大違いの、まるで黙って陰で恋人につくすシラノ・ド・ベルジュラックのごとく目立たぬよう店に気を配っている。常連とはかくもいじらしいものなのだ。

人間関係と同じで、長く大切につき合うためには、あまり深入りしないように心がけるのが本物の常連なのだろう。黙って一人酒がいいとは言っても、長く通えば自然に言葉のひとつもかわすようになる。その時、このことを思い出そう。

私は主人と友達になりたくて居酒屋へ行くのではなく、主人と客、という関係が好きなのだ。いくら親しくしても間にはカウンターが一本通っているからいい。主人がカウンターから出てきて客席のこちら側に座ったりすると、とたんに私は居心地わるくなる。

主人と客、の良さは、肩ひじ張ることなく、お互いに自分の良い面だけをみせていられて、役にも立たない話を交わせる良さだ。女性は、特に中年女性はすぐに、結婚してるかとか、奥さんはどんな人とか、どこに住んでるとか、個人的な事を訊《き》きたがるけれど、男はそういう事は訊かないものだ。といって、政治や主義主張はもちろんご法度《はっと》。

「どうも、天気が落ちつきませんな」

「そうですねえ」

「こういうの、なんつったかな、エルニーニョなんとか」

「言いますね、だんだん地球もおかしくなってきてんですかね」

「酒飲むなら、今のうちか」

「そうすね、アッハハハ」

　内容のない世間話で間をもたせ、後に何も残さない。これをセンスよくできるのが都会の大人の社交術だ。威張らず、卑屈にならず、深入りせず、なんとなく愉快。居酒屋主人とのつき合い、店への常連度はこのくらいがちょうどよいだろう。

大衆酒場

居酒屋にもいろいろある。居酒屋の原型、酒屋店頭立ち飲みのもっきり屋から、スタンド酒場、チェーン居酒屋、赤ちょうちん、屋台、銘酒居酒屋、酒亭と称するちょっと気どった店、また若者向けのパブ居酒屋、カフェ風のザ・イザカヤまで多種多彩だ。こうなれば日本酒を飲ませればすべて居酒屋とくってもよいかもしれない。

日本酒好きとしては、若者で騒々しいところは避け、もう少し高級な、あるいは落ちついた、あるいは風格のある店で一杯やりたい。たとえば神田の「鶴八《つるはち》」だ。カウンターに座り、一つ一つ吟味されながらしかも居酒屋の男っぽさを失っていない肴《さかな》で、気の合った友と一杯やるのは、中年からの至福の愉《たの》しみといえるだろう。子供は入れない大人の店だ。

しかしそれでも時には単身、大衆酒場の熱気に身を浸してみたいと思う時がある。大衆酒場の典型が東京門前仲町の「魚三酒場」だ。

通りに面したガラス戸（夏は開けっ放し、大暖簾《のれん》のみ）を開けるともうそこは席だ。フロアはいかに効率よく人を埋めるかで設計され、細長いコの字カウンターが台所に向かって二本走り、そのコの字の間は六十センチぐらいで台所から酒料理を運んでくるための通路だ。したがって運んでこない時は誰もいなく、店は客だけという無秩序（？）状態になる。すべての席は隣と肩触れあう満席状態で、しかもすぐ後ろには空くのを待つ男たちが腕を組みじっと立ち、まさに立錐《りっすい》の余地もない。

三方の壁は天井まで品書のビラがびっしり貼《は》り尽されて壮観だ。その種類の多さと値段の安さは驚異的で、アラ煮五十円からはじまり、刺身だけでも、鯛《たい》、平目、しまあじ、牡丹海老《ぼたんえび》、かつお、かわはぎ、まぐろ、中とろ、赤貝、アオヤギ、トコブシ、つぶ貝……と三十〜四十種はあり、あわび三百八十円、肝つきあわび六百円と書けば値段の安さが想像つくだろう。大衆的な魚だけでなく冬にはちゃんと松葉ガニも出る（千円！）。もちろん刺身だけでなく焼もの、煮もの、テンプラ（おすすめ）、フライ、エシャレット、トマトと何でもそろい、閉店近くなると余った魚貝をすべてぶちこんだスペシャルスープが登場する。

客はジャンパーや作業服のブルーカラーやサラリーマンばかりでアベックや若い女性はまったくいない。一人客が多く、皆壁の膨大な品書を見て放心している。あまりの品数の多さにとまどい「とりあえずトマト」などとつまらない注文している初心者もいておもしろい。

店内は客の人いきれが充満し、それでは騒然としているかと思うと案外に静かだ。皆、しゃべるよりは酒に専念し、次の注文を何にするかの思案にふけり、熱気があふれながらシンとしているという凄味《すごみ》が漂っている。後ろで待ち続ける男は油断なく次にどこが空きそうかを読み、一人立ち上るとサッとそこへタバコを置いたりするのはまさにパチンコ屋のようだ。

ここのカウンターに座ると、この店は一人で来るのがもっともふさわしいと実感する。群衆の中の孤独、その孤独の快適さをこれほど味わえる場所はない。客同士のなごやかな会話などというものはここにはなく、お互いに大都会の一人者というハードボイルドな空気が大衆酒場の醍醐味《だいごみ》だ。

男というものは不思議なもので、いくら功成り名とげても、いやそうなればこそ、こういう店に黙って顔を出してみたくなるものだ。その点女性は、次はあのレストラン行ってみましょうと上昇志向が強く、よい店の味を知ると「もう、元へは戻れないわね」などと平気で言うが、男は違う。

男は、自分が苦労し、努力してはいあがって来たことを決して忘れていないのだ。

そのどん底の下積み時代に飲んだ一杯の安酒の味を決して忘れられるものではない。今でこそ大吟醸や高級ウイスキーも口にするけれど、本当にうまかったのは、あの時の二級酒コップ酒ではなかったか、という思いが常にあるものなのだ。

事実、その時の酒の方がうまかったのだろうと思う。うれしい時の酒、自分一人の力で何ごとかを成し遂げたあとにその自分によくやったと飲ませる酒ほどうまいものはない。世の中、名酒多しといえども、酒とはそういうものなのだろう。

私は、あの酒はうまいとか、この料理はどうとかを書くのは恥ずかしいことだという気持ちがいつもある。私の育った頃は戦後の食糧難で食べるものにうまいまずいなど思う余裕はまったくなく、食べものを残すなどという事は考えられなかった。その結果、未《いま》だに食べることに執着をもつのかもしれず（今、食べておかないと、という気持ちは常にある）、それは育ちだから仕方がないが、いざとなれば何でも食べて生きてゆけるという自信もある。

子供が食べものを残す、好き嫌いを言うのは良くないことだ。それは腹が空《す》いていないからだ。めいっぱい腹を空かせ、台所に立つ母親の服を引っぱり「お母さん、早く」とせがみ、ばくばくと食べ尽すのが本来の姿でそれは美しいものだ。

飽食の時代、グルメの時代などと言うけれど、食べるものに苦労しなくなったのは大変有難い。今日は何を食べようかと迷うようになるなどとは夢にも思わなかった。私もそれをよいことに腹いっぱい食べ、浴びるように飲んだ。しかし今は、親父《おやじ》がしていたように、青ネギに味噌《みそ》つけたのを肴に飲む酒が一番うまい。男の好きなものは、何もなかった頃の味にもどってゆくのかもしれない。

「魚三酒場」で時折、隅の方に身なりのよい紳士がひっそりと飲んでいるのを見ることがある。高級料亭もいいが、ここで一人で飲むのもまた格別なのかもしれないと、その人の心の中を想像すると、何かあたたかい気持ちもわいてくるのだ。

銘酒居酒屋

近年の日本酒のレベル向上が居酒屋にもたらした変化は、銘酒居酒屋の登場だろう。

昔の居酒屋は品書に、酒一級××円、二級△△円とあるだけで銘柄など書いてなかった。また「酒」といえば燗酒《かんざけ》のことで店の人は「へい、一本、二本？」と返事をし、冷やで飲みたい時は、わざわざ「冷やでいい」と言わなければならなかった。冷やでいい、というのは「本来、燗だけど略式で」というニュアンスである。今は逆になった。

酒は決まった一種類、酒屋の置いてゆくものを黙って使っていた。客の方も銘柄などは気にせず、たまに料亭あたりで「菊正宗《きくまさむね》です」と聞けば「ほう、さすが」などと感心したものだった。灘《なだ》の大メーカーが一流とされ、地酒は「イナカ酒で」と恥ずかしがられたものだ。

今は劇的に変わった。今どき「灘です」などと答えようなら「なんだ」という顔をされる。逆に「山形の○△、小さな蔵で東京には滅多に入ってこないです。特別にあと三本あります」などと言えば「ほう、ぜひ」と声がかかる。

地方の小さな蔵で東京に滅多に入ってこないからうまいという保証は何もなく、うまくないから入らないんじゃないのと皮肉を言う人もいるが、今やうまい酒は地方の少量生産にある、というのは常識になった。

これは大変よいことだ。日本酒が皿小鉢つきの宣伝やリベート割引でなく、味そのもので評価されるのは正しい姿だ。しかし地方の中小の良心的な蔵は、今でも経営的には大変苦しいのも実情だ。地酒が良いというイメージで全国ブランドになった地酒も多く、その結果品質を低下させている例も多く見る。全国に売るほど良い品が大量にできるわけはない。その、新・地酒ブランド時代に乗り遅れ、というか乗るつもりもなく、黙々と良酒を生み出し、経営努力もしている蔵をこそ応援したい。

良酒も、売れなければ、飲んでもらえなければ、意味がない。その役をになうのが良心的な酒販店である。たとえば新潟の「早福酒食品店」は、大メーカー三増酒《さんぞうしゅ》全盛の時代に、早くから新潟地酒に注目し「とにかくまがいものでない本物の酒をつくれ、売るのはワシがやる」と、製品の引き取りに責任をもち、赤字を続けながらもこつこつと販路をひろげ、あの「越乃《こしの》寒梅《かんばい》」「鶴《つる》の友」「〆張鶴《しめはりづる》」「八海山」「久保田」を世に出したのである。地酒ブームのおきるより二十年も前の話だ。

蔵元が良酒をつくり、酒販店がそれを売り、その酒を飲ませるのが銘酒居酒屋だ。銘酒居酒屋とは、全国の日本酒を数多くそろえ、客の注文した銘柄を飲ませる居酒屋で（蛇足ながらこの名は私がつけた）、全国百社の銘柄を集めた「日本名門酒会」系列の店が先鞭《せんべん》をつけ、その後店の主人の個性と好みで品揃《しなぞろ》えする店へと発展した。

銘酒居酒屋の誕生は日本酒のウンチク主人も生んだ。集めた酒の講釈をえんえんと自慢し、「まず、これ飲んでみて」などと言う。勉強にならなくもないが、うるさくて酒に専念できない。また、高級酒のバブル化も生んだ。一杯二千円の酒まである。酒は通常仕入れ値の三倍の値段で出すので、一升一万円（と言えば超、超高級酒）ならば店では一合三千円。こういう酒は普通その半分のミニグラスなので一杯千五百円だ。酒屋かデパートへ行けば酒の原価はすぐわかり「え、居酒屋であの値段の酒がこれで買えるの」とほとんどの人はびっくりするはずだ。大体一升三千円出せば日本酒には、トップクラスの品がいくらでもあり、私の経験ではそれ以上出す必要はない。

したがって買ってきて家で飲めば一番安上がりで、結構高級酒も気軽に味わえるけれど、色々な銘酒を一杯ずつ試しにというわけにはゆかない。そこで銘酒居酒屋だ。

問題は銘酒居酒屋に値段を明記していない所の多いことだ。酒は嗜好品《しこうひん》だから一杯二千円、三千円と言われても文句は言えない。しかし値段が分かっていれば覚悟し、最初の一杯だけ、あるいは二人で一杯と注文もできる。

ところが「何かおすすめを」と言うと、ものも言わず一升瓶からなみなみと注ぎ、「これ飲んでみろ」と言わんばかりに黙ってさし出す。

ツイー……。

確かにうまいが、これが一杯二千円とは誰が知ろう。

「はい、この○○は大変珍しいですが、一杯二千円になります。二分の一でもいいですよ」これがフェアだろう。私はもう慣れたので一杯いくら？　と必ず訊《き》く。そうするとイヤーな顔する主人がいて、これは後ろ暗い証拠である。

手に入れにくい酒は確かにあるけれど、所詮《しょせん》、自分で作ったものではなく買ってきたものだ。それをさも手柄のように自慢するのは酒に対する尊敬が欠けている。またこういう店は、酒で値段がとれるので、手のかかる肴《さかな》、煮ものや焼ものを五百円くらいで丁寧につくるのがバカバカしくなり、料理は手ぬきの所が非常に多い（傍点強調）。こうなれば居酒屋の本道ではない。

では、良い銘酒居酒屋はというと、一つは、おすすめのサービス名酒のあることだ。三軒茶屋の銘酒居酒屋「赤鬼」は、「おすすめを」と言うと「琵琶《びわ》の長寿」をサービス価格で注いでくれる。これは本当にうまく、高価な他の銘柄を注文しなくなってしまうのではないかと思うが、店長は「いいんですよ、そっちも飲めばこれの価値も分かるでしょう」とケロッとしたものだ。滋賀のこの酒は今でこそ時々見かけるが、私は赤鬼で教わった。この店は何十種もある酒はすべて値段明記だ。値段を示していない銘酒居酒屋は入らなくてよい。高くは高く、安くは安く、明快に表示して酒を選ぶよろこびを味わわせてくれる店は他にある。酒の解説は日本酒のプロとしては当然できなければならない。「どこそこの酒でどういうタイプ」、これが即答できねばプロとは言えない。

よくどんなのがお好みですかと尋ねられ、そう言われてもと、とまどう人もいると思う。私は「清々《すがすが》しく、きれいな旨口《うまくち》で、後口さわやかなほんのり甘口の中吟クラス。純米、アル添どちらでもいいが一杯八百円くらいのを」と答える。(笑ってください)こういう面倒な注文に「よーし」と応《こた》え、奥から一本出してくるのがプロというものだ。そしてその人は必ず飲む私をじーっと見ている。どう感じたかが心配なのだ。

ツイー……。

「うまい！　ちょっと重いが、冷えすぎなのかな。どこの酒？」

主人は破顔一笑、とうとうとその酒の出自を話し、「だったら、これどうです。青森ですが、一杯六百円の飲み得です」。これが銘酒居酒屋の醍醐味《だいごみ》だ。

銘酒居酒屋は三人くらいで行くのがよい。そして同時に三種の銘柄をとり飲み較《くら》べする。酒は一銘柄だけ飲んでも甘口なのか辛口なのか、淡麗なのか濃醇《のうじゅん》なのかよく分からないけれど、比べればすぐ分かる。そしてすぐに自分の好みもわかる。また互いに「これは重いな」「これはスッキリしてる」と言い合うのが、また楽しい。

私はこれは日本酒のとても大きな愉《たの》しみと思う。色々な銘柄はあってもウイスキーやビールではあまりこういう事はしないし、ワインは原則としてボトル売りなので三種も四種も試せない。その点、グラス売りの日本酒は自由自在だ。同じ日本酒といっても、吟醸、純米、本醸造、また全国三千余りの蔵、また同じ蔵からも色んな酒を出し、厳密に言えばタンクごとに違う。この、飲み較べをすれば日本酒の多様な幅に驚き、ヘタに派手な大吟醸よりも落ちついた中吟、いやむしろ渋い純米酒と、値段の高低と好む味は関係ないことも分かってくる。酒好きを誘い、二、三度この飲み較べ唎《き》き酒会をやれば、あなたもいっぱしの日本酒通、「ぼくは秋田の○○だな」とあまり知られていない銘柄をひいきにして通を気取るようになれる。

また日本酒は故郷をもっている。故郷のない人はいない。故郷の酒を味わうとき格別の感情がわくのが日本酒のよいところだ。私の故郷長野県にもうまい酒がある。また東京の酒も最近たいへん良い。

銘酒居酒屋は増えたけれど、トータルな「いい酒、いい人、いい肴」の居酒屋三原則をととのえた店は、案外酒は昔からの一、二銘柄だけのところに多い。むしろ酒は大したことはないぶん、料理やサービスは丁寧にという居酒屋が今、光る。やはり酒だけよくても、よい居酒屋とは言えないのだ。

また最近、ちょっと気のきいたレストランや料理屋で、オリジナル酒、プライベートブランド酒を置くのをよく見かけるようになった。ラベルに店名を入れたりしておすすめの酒としているが、もちろん自分の店で作っているわけではない。

熱心な店主の場合は蔵元へ行き、色んな酒を唎き酒して、たとえばあるタンクをまとめ買いしてオリジナルラベルで常時、供給してもらう。またある場合は、なんかカッコイイので値段と予算のおりあったものを同じくオリジナルラベルで出荷してもらう。したがってプライベートブランドだからうまいという保証はない。私は必ず「どの酒?」と尋ねる。たとえば東京下北沢の居酒屋「両花」のプライベートブランド「両花」は「神亀純米酒」なのでこれはおすすめだ。

ところがある気どったレストランで「それは言えません」ときた。どうせロクなものではないのだろう。いや知らないのかもしれず格好だけのものだ。オリジナル云々《うんぬん》をすすめられたらすぐに「どこの蔵の何ですか？」と尋ねてみよう。その時にたとえば「埼玉、神亀の純米ふな口です」とスラスラ出てくれば合格。妙にあわてて「えーと……」と隠すような素振りが見えれば大したものではない。氏素姓の分からない酒を飲む理由は何もない。

プライベートブランド最高のおすすめは、仙台の名居酒屋「一心」の「一心」だ。中身は気仙沼の「伏見男山純米大吟醸中汲《なかく》み生」。それも石崎栄一杜氏《とうじ》が最良と判断したもののみを出荷する。若主人は一冬、店を休み伏見男山に蔵入りして酒造りを勉強し、自分の店に出す酒を選んだ。店は宮城の県産酒をすべてそろえ、全国の優良酒をキラ星のようにそろえ、そしてこのプライベート酒をもち、相談するとまず宮城の酒をすすめ、そして全国銘柄から好きなものを選ばせ、最後にこのプライベートブランドを紹介する。

これはまさに「飲まなきゃ損」の最高の名酒だ。次々に飲み較べてきて、最後にこれを飲んだのだから間違いはない。これこそプライベートブランドの鑑《かがみ》といえるだろう。

中年の飲み方

居酒屋で案外むずかしいのは追加注文のタイミングだ。混んでいたりするとなかなかこちらに気づいてくれない。

空になった徳利を振りあげ「オーイ」などと怒鳴ってはいけない。店の人をじっと見ていて、目が合ったら軽く徳利をとり「これね」と合図すればよい。それでも気づかなければ立ってゆくけれど、注文にこちらからおもむくのは面白くないので、まず洗面所へ入り手を洗う。その帰りに、ついでにという感じで「酒一本」と声をかける。ナニ気どってんだ。「オーイ、酒」と声あげればいいんだと思うかもしれないが、それで野蛮な田舎者に見えなかったら、その人は嫌味のないパーソナリティーをもった育ちのよい人だ。凡人としては、また人目を気にする中高年としてはスマートにいこう。すべからく紳士は大声を出すものではない。居酒屋で紳士ぶることもないが、無礼講の場でこそ、その人の人品があらわれる。

空になった徳利を倒し、転がしておくのもみっともない。まだ入ってないかと耳のあたりで振るのもケチくさい。注いで出てこなければ振っても出てこない。徳利に少しずつ残っている酒を一本にあつめるのもしみったれた感じだ。酒は鷹揚《おうよう》に品よく飲もう。

酒を飲むときは姿勢が大切だ。背すじを伸ばし、グラスや盃《さかずき》を持った親指の脇《わき》からスッと飲む。盃に口の方を近づけてゆくと猫背首出しスタイルになって貧乏くさい。もちろん、こちら貧乏だけど、ボロは着てても心は錦《にしき》、安い店だが自分の金で飲んでいるのだから気分はお大尽《だいじん》だ。板につかなくてもいい。そのうち板についてゆく。

と言うのも、中年男がひとり居酒屋で酒を飲んでいるのが、余裕に見えるか、わびしく見えるかだ。ダンディ、とまでは気恥しくて言えないけれど、どこか人間的な余裕は持ちたい。

昔の雑誌で、文士が家の近所のなじみの店で一杯やっているグラビアをよく見た。着物姿の井伏鱒二《ますじ》が荻窪《おぎくぼ》あたりの居酒屋のカウンターで盃を傾けていたと記憶する。私はそういう写真をいいなあと思って見ていた。文士にではなく、近所に行きつけの店をもち、何かと「よう」と顔を出す。人が訪ねてくれればそこへ連れてゆく。そういう余裕（お金、もだけど精神的な）のある生活である。

歳《とし》をとれば、若い頃とちがいそれなりの振る舞いができなければならない。酒場でのマナーも同じだ。若いのが無茶飲みして暴れても、まあ若いうちはと大目に見られるが、中年男の泥酔《でいすい》はただ悲しいだけだ。

では中年男は酒場でどうしていれば姿が良いか。精神訓話のつもりはないが、一言でいえば「身ぎれい」に飲むことではないか。

まず服装を小ざっぱりと上品にして、くだけすぎないようにしよう。若者はボロを着てこそ若さが映え、破れたTシャツ一枚がとても格好良いけれど、中年がそれをしたら浮浪者である。

ガツガツ飲んだり食べたりも若者の特権だ。中高年は余裕をもとう。大量に注文して残したりせず、一皿二皿をきれいに片附ける。また、切りあげをよくし、ほどほどでスマートに立ち、きれいに勘定する。えんえんと飲み続けるのは若い者のすることだ。

そういうことだけど、決定的に中高年ならではの風格と余裕のある飲み方としては、私は会話を重視したい。

自分もそうだったけれど、若者三、四人が飲んでいる（そういえば若いのは一人とか二人で飲みにいかない。団体行動が多い）話を聞いていると、思いついた事をすぐしゃべり、えんえんと自己主張し、他人の話を聞くことがない。まだ若いので会話の方法がわからないのだろう。

　その点、大人は違う。誰かが「こんな話があるんだよ」と始めればフンフンと聞き、「ハハハ、いや僕もね」と次にうつる。ある程度、長めの話を黙って聞く我慢ができ、話す方も切りあげ時を知っていて、自分ばかりが話し続けているのに気づき、さりげなく相手に機会をゆずる。

「……てなわけなんだけど、君はどう？」

「うーん、オレか。オレはね……」

　このテクニックである。こうして会話がスムーズにまわり、ちょっと途切れると、酌をしたり、「オーイ、もう一本」と注文して気分を変える。練達の飲み師はこれが実にスムーズだ。

　私は一人酒は別として、酒を飲むには三人が理想だ。二人は、いくら親しい間柄でも常に話し役、聞き役でいつかは疲れる。その点三人は、一対二、あるいは一対一にして一人は休む（傍観）ことができる。四人だと二人同士の会話が並行する時があり集中しない。五人以上はもう宴会だ。

　見ためも、仲の良い男同士二人は良いものだがブキミでもある。男三人が愉快そうに、ワハハワハハと酒を飲んでるのは良い光景だ。

では話題は何か。私は長年の失敗の繰り返しの結果、酒場の話題の極意を得た。

それはズバリ、「明るい方向へ導くこと」だ。ナーンダと思うかもしれないが、酒は愉快に飲みたい。それには暗い方向はよくない。

「まーったく困ったもんだ」

「その通り」

「あれだけ困らせるのも大したもんだよ」

「ハハハ、言っとくよ」

これである。この中に極意がもう一つある。「その通り」と極力、肯定の返事をすること。話を順接でつなげることだ。それが「いや違うんだよ」「そうかな」では緊張が走る。昔、サラリーマンの頃、若い女子社員で何を話しても「ちがう」と冒頭に振る子がいて、とても嫌だった。

そうかな、と疑問を感じてもとりあえず、「なるほどなあ、僕なんかだと……」と続けると一度は肯定されたので、相手も別の意見もきいてみようという気持ちになる。若いうちはこれができない。でもそれでよい。何事も反論、反論でぶつかってゆくのが若さの特権だ。若いのになんでも「そうですね」では頼りない。

大人は、中高年はそうではない。良い状態をかもし出し、維持してゆくのがいろいろ苦労してきた技だ。でもこれは友達同士の場合で、接待とか上司と部下になると途端にいやらしくなる。

もう一つ、友達同士の酒で愉快にやる会話の極意はズバリ「賞《ほ》めあう」ことだ。ゴマすりでよろしい。賞めるところがなかったら強引にみつける。

「いいシャツ着てるじゃないか」

「安物、安物」

安物でも賞められて悪い気はしない。相手も気をつかう。

「相かわらず飲みっぷりいいな」

「いやー、もうトシだよ」

平気で悪口を言いあい、辛口の批判をできるのが仲のよい証拠、とは最近思わなくなってきた。一回一回の酒を愉快に楽しく飲みたいからだけど、トシとったのでもあろう。

酒品

酒のみも中高年となったら、できれば「酒品」がほしい。

酒品とは何だろうか。泥酔《でいすい》果てしなき酔っ払いのアンタからだけはそれを聞きたくないと、石礫《いしつぶて》がびゅんびゅん飛んできそうだけどまあ許してほしい。

行儀、たたずまい、酔って乱れず。そのほかにもう一つあると思う。

酒の特徴はなんといっても酔っ払うことだ。酒を飲むと気分が解放され、愉快になり、元気が出てくる。酒は飲物としてうまいだけでなく、この効果が歴史開闢《かいびゃく》以来、古今東西の人間を魅了し、また破滅させてきた。

酒に酔うとその人本来の人間性が出てくる。人間を見抜くには一杯飲ませて酔っ払わせるのが一番だ。上司が新入社員を「まあ一杯」と誘うのは人柄を見るためだ。取引先が「ぜひご一献《いっこん》」と声をかけるのは酒食の饗応《きょうおう》だけでなく相手の人柄を見抜き、事の真相や裏情報を得るためだ。たとえ、聞き出せなくても「ガードの固い人」という事が分かり、逆ならば「飲ませれば何でもしゃべる人」と分かる。ゆめゆめ酔って調子にのるなかれ。

会社の同僚などと飲んでいても、オフィシャルな場と違い本人の性格がよく出る。上司も威張り出す、演説をはじめる、他の部門を批判する……おなじみのパターンである。

酔うとしばしば出て来がちなのが批判、中傷、誹謗《ひぼう》だ。それは、話を面白くしようとする興味本位と、ふだんは言えないが私は腹を割った、本音《ほんね》を言った、アンタだけには本当の自分の気持ちをみせたというアピールだ。しかしこれは悲しい。酔って出てきた本音が他人の悪口とは情ない。

逆に、酒に酔ってみえてきた人間性に温か味あり、深みがあり、また巧みなユーモアがあったとしたらどんなにすばらしいだろう。

私の知るある歳上《としうえ》の人は、普段はどちらかといえば謹厳だけど、酒を愛し、酒が入れば次第に私のつまらない話題や意見に「それはな」と独特の解釈をみせ、温かさで批判をつつみ、アハハと笑いに導く。またあっさりと「分からんなあ、でもな」とつなぐ。決して独演会にならず聞き役にまわりながら求められれば深いところをみせる。酒が入って、温かい人間的魅力を発揮する。これが酒品ではないだろうか。

その逆が、「普段はいい人なんだけど、酒が入ると人が変わる」タイプだ。普段よくない人が酒を飲んで人間味を増すわけはない。酒が入って乱れる人は本来そういう人なのだ。そうすると、普段からすでによい人が、酒を飲んでさらに魅力を増すのが酒品だ。やはり日頃の人柄である。

酒で人柄の変わる人はどこか弱いところがあるのだろう。しかし、その弱いところをさらけ出すのもまた、酒の美点ともいえる。いや本来、酒におぼれること自体、人間的に弱いのかもしれない。弱さがあるから人間だ。酒とはなんとも面白いものだ。

そうすると居酒屋には、一斉に弱さ（強がりも弱さの裏返し）を吐き出している集団がいるわけで、人間観察にこれほどふさわしい場所はない。居酒屋は旧交をあたためる場所であり、祝宴の場であり、恋人と気持ちを通じ合わす場であり、友の落胆をなぐさめる場所であり、また、世間を眺める場所でもあるのだ。これが同じ飲食でも、食べること本位の食堂やレストランと根本的に異なる点だ。酒や肴《さかな》は大したこともないのに繁盛《はんじょう》している居酒屋はたくさんある。それは、その店の「居心地」が良いからだ。立地、空間、主人はじめ店の人、そして客層のつくり出す居心地、ホスピタリティーが居酒屋でもっとも大切なものである。客はその居心地を愛し、居心地をこわさぬように毎日通ってゆく。

その、店の要《かなめ》としての主人の存在はやはり大きい。私は、あるベテランバーテンダーから、バーテンダーにもっとも大切なことは「いつ行っても必ず居る」ことだと聞き、なるほどと感心した。客というものは気まぐれでフト思いつき、よしあそこに行ってみるかと足を向ける。早い時間か遅い時間か分からないし、電話してゆくわけでもない。ひどい時は二年ぶり三年ぶりということもある。

それで入っても、ちゃんと居る。前と同じ服で同じ位置に立ち、同じ言葉で迎える。「いらっしゃいませ」

これで客は安心する。そのためにあてにならない毎日を同じ場所に立つのだからやはり大変な仕事である。客商売は大変だ。身勝手な客は何年ぶりかに訪ねてきたのに、その日いないと「どうした」と訊《き》き、あらぬ想像をする。サラリーマンのように「今日は休みです」とはいかないのだ。

またあるバーテンダーからは「昨日来たお客さんでも今日は初対面。昨日はどうも、とは一切言いません」と聞いた。ハードボイルドな言葉だけどこれもまたバーテンダーらしいよい意味の他人行儀で、その客のプライバシーには一切触れない潔《いさぎよ》さだ。もしかするとその客は連れの人に、昨日も来ていたことを知られたくないかもしれないのだ。

居酒屋はバーと違い、そういう（バーマンとしての）基本ルールはないが、同じ客商売、共通した感覚はある。

バーテンダーのテンダーは「監視する人」という意味なのだそうだ。客は満足しているか、店の雰囲気は良好に保たれているかを常に見て、何かトラブルのおきそうな気配があれば素早く、やわらかく手当てをする。

居酒屋の主人で迷惑なのは「名物親父《おやじ》」だ。頑固を売りものにしたり、説教好きの一言居士《いちげんこじ》だったり、客の話に無理矢理入りこみたがるおしゃべりだったり、勘違いは大勢いる。客がまた「そこがいい」とか言うものだから、おだてられて舞いあがっている。そういう店は得てして口先中心で手はお留守になり、酒の燗《かん》を忘れたりする。

最近よく見るのは、客の前で使用人や弟子を叱《しか》る主人だ。とくに板前割烹《かっぽう》に多い。「何やってんだ、やり直し！」とか言葉をとばし、まったくもう、と客に笑ってみせたりする。自分は弟子に厳しく修業させてるというアピールのつもりかもしれないがこれは馬鹿《ばか》だ。客前で叱らねばならぬようではそもそも、何を教えているかだ。まして、愉快に飲んでる場で声を荒げるのはタブー中のタブーだ。テレビのグルメ番組のせいか、こういう勘違いした、自称職人肌はゴミのように多く、マスコミが職人をダメにした一例だろう。

逆にいいなあ、と思うのは、黙々と仕事に精を出している主人だ。無愛想ではなく、入ってゆけばこちらの顔をみてニッコリ「いらっしゃい」は勿論《もちろん》言うけれど、手は忘れない。話しかければ答えるが、気持ちは手にある。また、板前には立たずとも、フロアマネージャーとして客に気を配り、注文をまわし、手持ちぶさたや注文したがってる客にはちょっと声をかける。

東京自由が丘の名店「金田」の主人はその典型だ。この人の笑顔と控えめながら目の届いた気配りが店の雰囲気をピリッとひきしめ、また温かい安心な雰囲気をつくっている。この主人もまた「酒品」の人である。

研究編

飲み屋小路

都会の表通りは大体銀行や会社が並び、その裏が飲食店街、さらに細い路地は飲み屋小路となる。仕事の場である表通りから次第にくだけてゆき、最後は小さな飲み屋、おでん屋だ。個性のあるよい居酒屋は大体こういうところにある。明るい表通りは居酒屋には立派すぎるのだ。

車が入らず、通行人が肩すれ違わせて歩くような飲み屋小路は、都市がある成熟に達してくると自然に発生する。十人も入ればいっぱいの小さな居酒屋や小料理屋、スタンドバーの並ぶ人間くさい小路は、非情な大都会に神経をすりへらす人々の心のより所として必要な場所なのだろう。

東京の魅力的な飲み屋街は四谷荒木町と神楽坂《かぐらざか》だ。車の殆《ほとん》ど入ってこないゆるやかな坂道の荒木町はスーパーやコンビニがなく、暗い中に料理屋、居酒屋、バーなどの行灯《あんどん》が点々と続き昭和三十年代頃の風景そのままで心をなごませる。大きな二筋の間をせまい路地が通じその途中に魅力的な小さな店がぽつりとあったりする。神楽坂の小路はもっと複雑に迷路のようになり一瞬場所を失うが、突然またよさそうな店に出会ったりする。

都会の魅力はこういう迷路にあるのではないだろうか。迷路を計画的に作るはずはなく、それはいわばいつのまにかできたけものみちだ。どこへ通じているのかわからないスリルは、別世界に抜けるかもしれない謎《なぞ》めいた魅力があり、杓子定規《しゃくしじょうぎ》の都市計画では作れないものだ。

おきまりの再開発は、こういう迷路的な飲み屋街を無くしてゆくので大変淋《さび》しい。地方都市は大体どこも中央に一本大きな屋根つきのショッピングアーケードが作られ、夜七時ごろには早々と店のシャッターをおろし無人のガランとした空間になる。一番メインの通りが一番活気がなく町を空洞化させている。そこから離れて昔のままの裏通りへゆくと、ようやく人の温《ぬく》もりを感じさせる小料理屋や居酒屋の灯りがみえてほっとさせる。

東京三軒茶屋の世田谷通りと玉川通りにはさまれた三角形の一帯に、幅一メートルほどの路地が複雑に折れまがる不思議な飲み屋小路をみつけた時は新鮮だった。バラック然とした建物が寄せあつまったような一帯は戦後のままのようで、いささかコワくもあるが興味もそそる。度胸をきめ一軒の居酒屋へ入ったが不安なことは何もなく、まさに都会のエアポケットにいるような安らぎがあった。

その一角のすぐ前に劇場や駅を含む巨大なキャロットタワーが完成し、この二つは誠に対照的な眺めになった。世田谷区は、再開発で壊そうとすれば一日もかからないだろうこの三角地帯をそのまま残すのであれば見識だ。なんでもかんでもビルにすればいいというものでは絶対ない。居酒屋に限らずビルの中の店は入りにくく落ちつかない。内装にいくら凝っても窓は開かないので気分的に息苦しく、イザという時大丈夫かなとよけいな事を考えてしまう。

一軒家の店は歩いていて気がつくのがよい。浅草雷門通りの蕎麦《そば》屋「並木藪《やぶ》」は、腹が空《す》いていなくても目に入ると、せっかく来たから食べてゆくかとついのれんをくぐってしまうし、神田「まつや」もそうだ。これがビルの中だったらそうならない。ましてて通りすがりに気をひかれて入る居酒屋はなおさらだ。店内のにぎわい、道に流れる焼鳥の煙が足をとめさせ、また飲み終えて外へ出た時の頬をなでる風が一層気持ちよくさせる。ビルの中にはこの風がなく、そこをうろうろしてもちっとも面白くない。

そんな飲み屋小路や横町を数多く残しているのが仙台の町だ。仙台は東北の中心として表通りは日本一の欅《けやき》並木を軸に歩道などの都市機能も整備され、完成された先端都市の印象をうけるが、一歩裏へ入ると伊達《だて》小路、稲荷《いなり》小路、狸《たぬき》小路、虎屋《とらや》横町、いろは横町、仙台銀座、東一連鎖街と人間くさい路地が縦横に走る。これは都市整備がまだ及ばないのではなく、私には意図的に残しているように思え、仙台の都市づくりのセンスを感じる。

その一つ、中でも古いといわれる文化横町の一番奥にひっそりと灯りをともすのが昭和二十五年から全く変わっていない居酒屋「源氏」だ。米蔵を改造した店内のカウンターはすり減って微妙なカーブをつくり、同じくすり減った木の長椅子《ながいす》はたいへんすわり心地がよい。

着物にまっ白な割烹着《かっぽうぎ》の女将《おかみ》さんは控えめで、用のない時は隅に座り両手をひざに置く。安く飾り気のない居酒屋だけど、ここには仙台経済界の人や東北大の先生もよく顔をみせ静かに飲んでゆくそうだ。私も端の席で開店以来続くというぬか床の漬物を肴《さかな》に、古風な燗付器《かんつけき》でつけた燗酒の盃《さかずき》をゆっくり傾けた。先端をゆきながら古いものも大切に残す、仙台という町がとても好きになっていった。

建物

私の好みでは、居酒屋の建物は古ければ古いほどよい。十年、二十年では新しい。できれば三十年以上、戦前なら最高だ。古い建物は時の経過のみの生み出す味わいをもち気持ちを落ちつかせる。

それは「価値が定まった」からだろう。新しいものはどうなるかわからない期待とスリルがあり、古いものはもう変わらないという安心感がある。未来のある若い人は、いずれ自分たちの環境となる新しいものに興味をもち、未来はおよそみえた中高年は過去によりどころを求める。若い人は自分を重ねる過去をまだ持たない。

過去によりどころを求めるのは、自分のそれまでの人生を肯定したいからだ。ある年齢になると最新インテリアデザインの店よりも古い居酒屋に足が向くのはそのためと思う。自分が生きてきたと同じ時間をこの家も生きたという感慨が、長い間ご苦労さん、そして自分もご苦労さん、と酒の味を深くする。それゆえ古いといっても百年、二百年も前の寺や屋敷であればまた落ちつかず、あくまで自分の懐《なつ》かしいと思える範囲の古さだ。

よほどの旧家でない限り今、四〜五十年前あるいは戦前の家にそのまま住めている人は少ないのではないか。戦後の電化製品や便利清潔な新建材は生活環境を変え、それが希望だった。世の中に沿いわが家も経済成長を求め、気がつくと昔の家はなくなった。

ある年齢になると失ったものが懐かしくなってくる。それらは美化され、昔の方が良かったのではないかという気持ちがわいてくる。すると昔から変わっていないものに心が動く。大人の愉《たの》しみである町の居酒屋での一杯に、昔のままの居酒屋があれば、あるいは子供のころ大人になったら堂々と入ろうと見ていた居酒屋が残っていれば、それは入ってみたくなるだろう。

東京十条の「斎藤酒場」は昭和三年に酒屋を創業、戦後居酒屋になり今の建物は終戦直後のものだ。三和土《たたき》、壁、天井、大きな天然木の不ぞろいな形の机、今は水は流れていないが小さな筧《かけひ》のある装飾の石の水場まで、すべてが懐かしい。それは幼いころに見た様式と同じだからだ。

店にはテレビがなく、ラジオがある。これはテレビのかわりにあるのではなく、テレビ以前のラジオ時代でこの店が止まっているからだろう。夕方ともなれば栃錦《とちにしき》・若乃花の熱戦や、神宮プール日米対抗水泳大会の懐かしい「第一のコース、○○君……」の実況を、一杯傾けながら聞き入ったのかもしれない。この店には昭和三十年頃がそのまま残っている。

横浜の「武蔵屋《むさしや》」は創業は大正十年、昭和二十一年にここに移った。何の変哲もない木造一軒家の土間に小机と椅子《いす》を並べ、奥の畳敷にはミカン箱と変わらないような手製の小卓がいくつか置かれる。壁には扇風機。冷房はあるけれど客が使わせず、それよりも玄関にすだれを下げ、窓を開け放って風を通し、打水した大ヤツデの緑を眺めながら扇子を使うのを楽しむ。酒は三杯まで、肴《さかな》は年中同じものが五、六品出るだけ。先代の娘さんであるお婆《ばあ》さん姉妹が二人で続けている。

ここには横浜の名士といわれる人も大勢、常連として通ってくるそうだ。学生の頃から通って四十年、五十年はざらにいるという。そういう方なら今は立派な住まいに住み、また冷房はもちろん高級な料亭、料理屋も慣れているだろう。それなのにこの戦後のままの木造一軒家で、「暑い暑い」と扇子で胸に風を入れながら、ミカン箱の卓に隣りあって酒を飲みにくる。

ここに居酒屋の特徴がよく出ていると思う。居酒屋は名酒珍味を味わう所でもあるけれど、それよりもそこに居ることを愉しむのだ。その時その場所は、古い方がよいのである。

常連客は皆一様に「絶対建てかえたり便利に直したりしないでくれ」と言うそうだ。自分の家はどんどん便利清潔にかえてゆくのになんとも勝手な注文だけど、その気持ちはよくわかる。それは自分の過去がなくなってしまうからだろう。

私は居酒屋は昔の普通の木造民家の一軒家をそのまま使うのが一番よいと思う。厨《ちゆう》房《ぼう》手洗いぐらいは最新設備にしても他は手を加えず、玄関で履物を脱ぎ、座敷を入れこみにしてそこで飲む。縁側があればそこでも飲んでみたい。冷房は置かずに扇風機、冬は火鉢を置き、鉄びんで酒を燗《かん》し「寒い寒い」と言いながら飲む。夏は暑いから冷たいビールがうまく、冬は寒いからお燗の酒がうまいのだ。

しがないマンション暮しではこれはできない。町中に古い木造一軒家を見ると、ここを居酒屋にしてくれないかなあと、いつも思う。

屋号

屋号、つまり店名である。私の好きなのは昔風の屋号だ。最も単純なものでは姓名の姓そのままがある。昭和十一年創業の自由が丘「金田」のご主人は金田さん。古風な建物が素晴らしい秋葉原の「赤津加」は赤津加さんだ。人の姓名と同じというのは憶《おぼ》えやすい。外国の小説を読んでいると、「John's」とか出てきてそれと同じだ。

私が居酒屋をはじめれば居酒屋「太田」である。何の変哲もないけれど一番よいと思う。東京・人形町に「太田」という寿司《すし》屋をみつけ、名にひかれて入ったことがあった。

姓に「屋」をつけると店らしくなる。東京月島の「岸田屋」は岸田篤哉さんの店だ。千住の「田中屋」、日暮里の「豊田屋」はそれぞれの姓なのだろうか。私ならば「太田屋」。語感としては押しも押されもせぬ（？）大衆酒場だ。北大路や二階堂、海音寺などのようなご立派な姓であれば「北大路屋」「二階堂屋」「海音寺屋」と、ちょっと敷居が高くなり高級旅館のイメージで、庶民の居酒屋ではなくなる。

森下の「山利喜」は初代・山田利喜造さんの名からつけたといい、これも古風なネーミングだ。「山田」を「弥満多」と置き換えるのも昔風で、「や満多」と平仮名を入れると粋《いき》になり、着物の女性が迎えに出て来そうだ。名前ならば湯島の「シンスケ」がいい。初代が奉公した酒屋の主人・鈴木シンスケ氏の名をもらってつけたそうだ。

もう一つ私の好きな居酒屋の屋号は「○○酒場」だ。ケレン味のない大衆酒場の堂々たる存在感が出る。十条の「斎藤酒場」、門前仲町の「魚三酒場」はともに素晴らしい店だ。

好著『下町酒場巡礼』（大川渉・平岡海人・宮前栄・共著／四谷ラウンド刊）によると東京には、「丸好酒場」（墨田区）、「長野屋酒場」（豊島区）、「神谷酒場」（台東区）、「大林酒場」（北区）、「伊勢元酒場」（墨田区）、「三忠酒場」（足立区）、があるという。どこもぜひ一度入ってみたい。鈴木酒場、佐藤酒場……、居酒屋の名前はこれが一番よいのかもしれない。

以前書いた『精選・東京の居酒屋』という本の末尾で、「東京居酒屋九傑」として、最も推薦できる居酒屋を選定した。

・月島　岸田屋
・森下　山利喜
・千住　大はし
・人形町　笹新
・湯島　シンスケ
・神田　みますや
・秋葉原　赤津加
・大塚　江戸一
・自由が丘　金田

その文にこう続けた。「――それぞれみな、名前がいいではないか。気どらず、渋く、潔癖な、いかにも東京の居酒屋の風格がある」。今ならここに次を加えたい。もちろんこれも味、雰囲気ともに出色の居酒屋だ。

・根岸　鍵屋《かぎや》
・門前仲町　浅七

・大塚　　　こなから
・代々木上原　笹吟

酒屋としての創業は安政にさかのぼる鍵屋は、もと店のあった町が鍵屋横町とよばれていてその名をとったと聞いたが、先祖は三重県伊賀《いが》上野の出身で、伊賀上野といえば剣聖荒木又右衛門《またえもん》の講談『決闘鍵屋の辻《つじ》』があり、その流れかもしれない。

「浅七」は主人によると「特に意味はないけれど感じがよいので」つけたそうだが、半七にも似た名は捕物帳の同心や岡っ引《おかぴ》きが一杯ひっかけにやって来そうなこの店にとても合っている。「こなから」は漢字で書くと「小半」で、酒の二合半、適量をあらわす言葉という。「笹吟」の「笹」は酒の隠語「酒々《ささ》」に通じ、それを吟ずる。前著の後に知った居酒屋名店の屋号もやはり同じ風格を持っていた。

良い居酒屋は不思議に名前もよい、という事が言えそうだ。そうすると逆に、名前・屋号である程度店の良しあしの見当がつくとも言える。事実私は地方の知らない町へ行くと、店名はそこへ入ってみるか否かの大きな判断材料になっている。「〇〇酒場」があればその町の名物居酒屋と見当がつき必ず入るだろう。名は体《たい》をあらわす、ということか。

日本全国どこへ行っても駅ビルやら商業ビルの名はあやしげなカタカナばかりだ。マンションの名前しかり、シャトー、メゾン、パレス……。いまだに敗戦による外国コンプレックスから抜けていない名前は恥ずかしい。私は資生堂という会社に勤めていたが、明治時代につけられた古風な屋号を使い続けている社名に誇りを持っていた。昔のままの屋号をケレン味なく看板にしている居酒屋の潔《いさぎよ》さも、何か清々《すがすが》しく感じる。

装飾

居酒屋のサインの代表は赤い提灯《ちょうちん》だ。赤提灯は居酒屋の代名詞でもある。「酒」「おでん」などと入る提灯が目印になるというのは、いかにもまだ町が暗かった時代の、日暮れてはじまる商売をしのばせる。実際、街灯もない暗い夜道にぽつりと灯《とも》る赤い提灯は人をひきつける効果抜群だったろう。

東京四谷荒木町、働き者の長男坊よろしきイガグリ頭の主人、トミちゃんの人柄で人気の居酒屋「ととや」は「炭火焼き」と入る大きな破れ提灯が目印だ。破れたまま年期の入っているのがいい。この通りは今だに昭和三十年代飲み屋街のうす暗い情緒をもち、この提灯が見えるとほっとする。

同じく森下の人気居酒屋「山利喜」は、切妻形の小屋根を通りに張り出しその下へ提灯をかける。名古屋の名店「大甚」もたいへん立派な屋根つき提灯懸けがあるけれど最近下げていないのは通行の邪魔になると言われたそうで残念だ。

居酒屋の灯りも玄関脇の四角い行灯になると粋になる。横町や小路の奥に、ひっそり行灯がともっているのはいい風情《ふぜい》だ。根岸の「鍵屋《かぎや》」は時間になると小屋根つきの置行灯を通りに出し、界隈《かいわい》に雰囲気をつくる。

居酒屋の灯り看板はそれ自体が強烈に明るいよりも、むしろ周囲を暗くし、そこへぽつりと灯す方が雰囲気が出る。といっても建物自体がけばけばしく明るい表通りにあれば効果はなく、ましてビルの中ではあり得ない。やはり居酒屋は少し暗い通りにあるのがふさわしいのだろう。大声よりも、小声で話す方が人は耳を傾けてくれる時がある。居酒屋の灯りもそういうものなのかもしれない。

町中の古い酒屋に、看板がわりに酒造会社提供の木彫り扁額《へんがく》を掲げているのを今でも時々見る。二尺×三尺くらいの一枚板に、こもかぶりを浮き彫りし、中に菊正宗《きくまさむね》など銘柄をさらに肉太に力強く金文字で盛り上げ、賛「名聲《めいせい》四海ニ轟《とどろ》ク」、左下に「菊正宗特約店○○屋　電話△番」と入る。

これは酒造会社が特約得意店に贈ったものだ。昔から酒造会社は酒屋に宣伝をかねてあれこれ提供し、それは電飾看板、幟旗《のぼりばた》、宣伝ポスター、展示台など今でも変わらない。しかし一品製作の昔の扁額は段違いに風格があり、流行や宣伝に左右されない力強さをもっている。これが三枚、四枚と並ぶと一層の威勢をつくる。北海道江差の古い酒屋に、北の誉、千歳鶴《ちとせつる》、花の友、の三枚が並ぶのを見つけカメラにおさめた。雪国らしくそれぞれに庇《ひさし》がついていた。

　秋葉原の古い居酒屋「赤津加」は黒塀を回した白い漆喰壁の総二階に、幅一間はありそうな堂々たる一枚板の「菊正宗」が上がり威風あたりを払う。これらの扁額はいずれも男らしい俠気《きょうき》、覇気を力強く表現し、日本酒の、また往年の酒造会社蔵元の豪気を感じさせ、とても魅力だ。

　これは居酒屋の店内にもよく飾られる。神戸には古くから蔵元特約の宣伝酒場という業態があり、その店には大体扁額が上がる。西宮高架線下の「森井本店」もそうだ。東京上野駅高架下の知る人ぞ知る渋い居酒屋「まるき」には、忠勇、爛漫《らんまん》、日本盛、菊正宗の四つが掲げられ、古色をおびて見飽きない。こういう額はもうつくられていないだろうから、これから価値が増すだろう。

　同じように居酒屋の飾りもので私の好きなのは開店の祝い額だ。大入、宝船、当り矢、鯛《たい》、鶴亀《つるかめ》、七福神などの縁起物が肉太に縁取られた額におさまる。開店祝いなので古い店のはもう相当黒光りしている。月島「岸田屋」のはかれこれ五十年になるはずだ。

　また好きなのは古い美人画銘酒ポスターだ。島田に結った着物の美人が艶然《えんぜん》と微笑《ほほえ》み、袂《たもと》に手を添え「おひとつ」とお銚子《ちょうし》をさし向ける。

美人がお銚子や酒瓶、ビールを手ににっこりするのは酒ポスター不滅のポーズだ。これは現代のビール会社に至るまで変わらず、今の人気タレントのポスターも二十年、三十年たてば同じようにノスタルジーをかきたて、価値を生むだろう。小倉の車引き、無法松は居酒屋の美人画銘酒ポスターに、ひそかに想《おも》いを寄せる吉岡大佐未亡人の面影をみて、それをもらい自分の貧しい寝ぐらに貼《は》っていた。

飾りものとは違うけれど居酒屋の店内に神棚の上がっているのも好きだ。酒は本来、御神酒《おみき》といってまず神に捧《ささ》げ、それが下りてきて我々の口に入るものだ。その商いをするにあたり毎日、まず一杯を神棚に上げ手を合わすのはたいへん理にかなっている。白い注連飾《しめかざ》り、青々した榊《さかき》、盛塩、いずれも清々《すがすが》しく凜《りん》とした雰囲気をつくり、商売に一本筋を通す。

居酒屋には杉の葉を丸くした「酒ばやし」もよく玄関に下がる。本来は、新酒の出来たサインとして蔵元が軒に下げるものだ。

居酒屋まわりには独特の、さっぱりした、しかもどこか粋な男らしい美学がある。

のれん

のれんをかき分け、一杯やりに入る時の気分はいいものだ。新明解国語辞典には、〈〔商店で〕屋号を書き、店〔の軒〕先に張って下げる、日よけの布〉とある。日よけの布、とことわるところをみると、軒先から日の光が入り商売ものが日に焼けるのを防ぐことが、はじまりなのかもしれない。

漢字の「暖簾」をよく見ると「暖かい簾《すだれ》」である。簾は涼味をよぶものだが、のれんは暖かさを守るのだろうか。どちらにも共通するのは室の内外を隔てる、風の通る目隠しであることだ。

また、のれんは開店中というサインの役目をもつ。一日の商いを始め、客を入れるため表の戸を開ける。その時、開けっ放しは殺風景な上、常に店内が丸見えになる。といって閉め切っては客が入りにくい。そこで、日よけと簡単な目隠しになり、玄関を開けっ放しにできるのれんが考案された。即《すなわ》ち、のれんを出したならば戸は開けっ放しにしておくのが原則と、私は考えたい。

このの、のれんの特性を大変効果的に使っているのが居酒屋である。居酒屋は、通りすがりにひょいと気がのって入るものだ。玄関の戸を開け「いらっしゃい」と声をかけられてから、気に入らなくて戸を閉めるのは体裁悪いが、のれんは気軽にかき分けて中をのぞけ、どんな店でどんな客がいるのかすぐ判《わか》り、その時の好みに合わなければすぐやめられる。開け放った戸は店内の賑《にぎ》わい、さんざめきを外に伝え、焼き鳥の煙やうまそうな匂《にお》いを通りへ流し、強烈な吸引力となる。その半開放の微妙な境界にのれんがある。

最近、オープンエアのカフェテラスが流行しているけれど、パリやウィーンのカフェや東南アジアの食堂のように、本来家の中にある食卓を路上に持ち出し、通行人が脇《わき》を通るのも平気で酒や食事をとるのは日本にはない習慣だった。日本では屋台といえどもきちんとのれんで囲まれ、頭だけそこに突っ込み、頭隠して尻《しり》隠さずのスタイルになる。また、花見では金持ちは幔幕《まんまく》を張り、庶民は茣蓙《ござ》で内外を分ける。居酒屋や料理屋の入れ込み座敷でも衝立《ついたて》を置き、微妙にテリトリーをつくる。閉め切らず、かといって全面開放の共有とせず、布一枚、衝立一基で心理的な境界をつくり、それを守るのが日本の仕切りの特徴、その代表がのれんだろう。

のれんに迫力のあるのは大阪の居酒屋だ。十三《じゅうそう》や通天閣あたりでは軒並、間口いっぱい三間くらいの大のれんが下がり、一枚ごとに「大・衆・酒・場」と筆太の字が入って、なにかモリモリと闘志がわいてくる。

のれんは高級店になるほど小さくなり、高い寿司《すし》屋などは幅三尺ばかりのミニのれんで隅に小さく店名の入る気どったものだ。案の定、戸は閉められ中の様子はうかがえない。

東京の居酒屋のれんを一つあげるならば、中央区月島の「岸田屋」がいい。間口二間いっぱいの幅を八つに分け、紺地に白抜き、真ん中にめいっぱい大きく「酒」、右隅に「大衆酒場」、左隅に「岸田屋」。こういう骨太な大衆的美意識は今ではほとんど見られないだけに、その前に立つと日本人の深層意識の蓋《ふた》をあけたような快感がわいてくる。

また、居酒屋特有ののれんとして出色なのが「縄のれん」だ。縄をきりそろえてのれんにするとはなんと野趣のあるアイデアだろうか。布のれんよりも一層、内外の境界感は弱まり、ほとんど「仕切ったつもり」という意味だけが下がる空気のようなものだ。それだけに縄のれんであれば絶対に懐《ふところ》の心配はいらないだろうと思わせ、「私は縄のれん派です」と庶民性強調のセリフにもなる。

日よけ、目隠し程度であったのれんを商売上のシンボリックな存在としたのも、もう一つの日本的心情かもしれない。屋号を染め抜いたのれんを開店とともに上げ、閉店とともに下ろす行為は、のれんが上がっていさえすれば商売が続いているという象徴となった。「のれんを構える」とは商売を始めることであり、「のれんを張る」とは商売人の意気地、「のれんを分ける」とは一人前として認められたこと、「のれんを守る」とは即ち、信用を守ることとなった。

もう十数年前、大阪心斎橋で古い妓楼《ぎろう》らしい風情《ふぜい》のある建物の大きな居酒屋「中野」という店に入った。私はそれまであまり大阪になじみがなく、出張の折一人でぶらりと入ったその店で、「きずし」(東京でいう〆鯖《しめさば》)を肴《さかな》に一杯傾けながら、耳に入るやわらかな大阪ことばに聞き惚《ほ》れた。大げさに言えば、もう一つの文化圏にはじめて身を浸したような気がした。

数年後の出張の折、勇んで出かけたところ、なんと隣の火事のため長期休業の貼紙《はりがみ》が出ている。あきらめられずガラス戸から中をのぞくと店内は荒れ果て、あの懐《なつ》かしい、白地に「中野」と大書した大のれんが竿《さお》に通されたまま、息を引き取ったように静かに横たわっていた。その建物もしばらく後になくなった。

カウンター

居酒屋にカウンターは欠かせない。カウンターがあるから居酒屋だとも言える。カウンターは一人客のために作られた席である。酒飲みは、ぶらりと一人で居酒屋に入る。そのためにこの席がある。卓席を作らず店いっぱいにコの字にカウンターを回すのが居酒屋の基本レイアウトで、東京門前仲町の「魚三酒場」はそれが二本並ぶダブルカウンター、朝九時からやっている東京赤羽の「まるます家」はトリプルカウンターだ。

そこまでカウンターにこだわるのは、居酒屋は本来宴会や会食の場所ではなく、他人同士が無関係に黙って酒を飲むところであるからだ。居酒屋の原型は、酒屋の店頭立ち飲み〝もっきり屋〟で、そこには店内と外とを仕切り、酒や代金を置くカウンター（勘定台、売り台）が設けられた。それが発展したのだろう。ちなみにカウンターは英語で、手持ちの新明解国語辞典には〈counter ㊀帳場や勘定台（で用いる計算器)。㈡ボタンを押すと数字が出る、小型の計算器。㈢〔バーや飲み屋などで〕調理場のすぐ前に腰かけて、酒を飲ませるように長く作った台。〉とある。「酒を」と特定しているところが、さすが私の好きな新明解国語辞典だ。(立ち食いそばはカウンターじゃないのだぞ)

もっきり屋には、地方から仕事を求めて都市にやってきた男たちが集まり、独り者の彼等に安直な料理を出す〝煮売り屋〟となって現在の居酒屋へ近づいた。

そんな無聊《ぶりよう》をかこつ男たちに酒が入り、互いの目線が合えばまず喧嘩《けんか》である。都市生活に慣れないため挨拶《あいさつ》もできず、知らぬ者同士は喧嘩でコミュニケーションをとる。また誰かの仲介そして手打ちの酒を目当てにわざと喧嘩をおこす。店にとっては騒動を起こされてはたまらないから、客同士の目線が合わぬよう横一列に並べてしまえばいい。そうして主人はその前に立ち、いざこざが起きぬよう気を配る。バーも基本はカウンターで、バーテンダーのテンダーは客の様子や店の雰囲気を見ている「見張り人」の意なのだそうだ。カウンターは客同士の喧嘩を防ぐための装置と考えるのも面白い。

喧嘩はともかく、カウンターをはさんで客と主人は向き合う格好になり、話し相手のほしい一人客は主人に声をかける。また主人の酒や料理の支度を眺める楽しみが生まれる。料理仕事は見ていて面白く、自分のための品であればなおさらだ。こうしてカウンターは純粋に酒や料理を楽しみに来た客の座る所、主人の仕事を見て時には声をかけてみたりする所となった。

私の好みから言えばカウンターは、寿司《すし》屋のような一点の汚れもない白木より、汚れもふくめてよく拭《ふ》きこまれた年期の入ったものがいい。傷や煙草《たばこ》の焼け焦《こ》げはむしろ愛嬌《あいきょう》だ。板は銘木のぶ厚い一枚板でなくてもよく、多少そっくり返り、盃《さかずき》を置くとき気をつけないといけないなんて方が面白い。店の歴史とともに古び、傷つき、こぼれた酒がよくしみ込んでいる。居酒屋にはそんなカウンターが理想だ。

携帯電話、パソコン通信、インターネット等々、世の中がどんどんハイテク化してゆくに従い、先端をゆくレストランやバーのインテリアデザインが、ハイテックな石や金属から、時間の堆積《たいせき》や人間の温《ぬく》もりを感じさせる廃材や古材を多用するようになったのは興味深い。銀行やオフィスが無機質になればなるほど、せめて酒を飲んだり食事したりする時くらいは古いものや、雑然としたものの中でほっとしたくなるのだろう。

仕事や会社は、常に明日を、これからをどうすると前ばかりを向いている所である。そして、その後のれんをくぐる居酒屋は一人の自分に返り、今日一日ご苦労さんと、後ろ向きに自分を慰める場所だ。未来よりも過去へのノスタルジーが気持ちを安らげる。その時、視線を落とすカウンターは、古び、傷ついている方が、その気持ちをよく吸収してくれる。

そうなると三十年、五十年使い続けたカウンターはいくら大金を積んでも作れない貴重品だ。東京湯島の名居酒屋「シンスケ」が改築を余儀なくされても、カウンター板だけは大切に残し、今も使い続けているのはさすがの見識である。

バーのカウンターは一枚の平面だが、居酒屋のものは奥に十センチほどの立上りをつけ、その上に細い平板がのる。主人はそこに出来た酒や肴《さかな》を置き、客は酒を追加する時は黙って空の徳利を置けばよい。このわずかな立上りは中の主人と客に適当な仕切り感をつくり、バーほど、バーテンダー対客という対決感をつくらず、自分の世界に入ってゆける。カウンターに座る客には主人におもねるような人もいるが、本来ここは誰とも話さず一意、酒に専心するための席だ。この小さな仕切りはそうしていていいですよ、という心配りなのだろう。

ある時、四国松山でぶらりと一軒の古い小さな居酒屋に入った。四人四人で満席の小さな鉤《かぎ》の手カウンターは、立上りを割竹で化粧し古風な情趣をつくっている。品のよいお婆《ばあ》さんを相手に盃を傾け、そのうちに何となく物思いにふけると、婆さんは遠慮して奥へ座り茶を飲みはじめた。他に客はなく、黙って酒を飲む充実感に満たされた。一年後、松山出張の折、楽しみに訪ねたけれど、建物を残し閉店となっていた。

ぐい飲みか、盃《さかずき》か

いつごろからか居酒屋では「盃」よりも「ぐい飲み」が主流になった。新明解国語辞典には〈ぐい飲み　㊀勢いよく一息に飲むこと。㊁底の深い大きめの杯。〉とある。動作を表す言葉がいつから器も指すようになったのだろうか。「ぐい飲み」の豪快にぐいぐい飲む語感が好まれたのだろう。ちなみに「さかずき」は〈㊀酒をついで飲む（平たくて）小さな器〉（傍点筆者　これまたさすがに新明解）とある。

しかし私は「ぐいのみ」の粗野な音感よりも「さかずき」の軽快な響きがいい。「さかずき」の「さ、か」は口を開けるラテン語系の明るさを持ち、「ぐいのみ」は口をすぼめるロシア語系の鈍重さがある。浅く間口の開いた薄手の盃と、筒型で深く厚手のぐい飲みの違いを語感はよく表している。

時代劇を見ると位の高い殿様や宮人は、塗物の平たく浅い盃の縁を片手で持ち飲んでいる。この盃は三三九度の盃事《さかずきごと》などに今も残り、日本酒は本来ぐい飲みではなく盃なのだ。「盃をもらう」と関係が結ばれるけれど「ぐい飲みをもらう」では単に器をもらうだけだ。「別れの盃」はロマンチックだけど「別れのぐい飲み」は泥くさい。

私の好きなのは昔の盃だ。それも上等な何々焼とか名工の手になる由緒《ゆいしょ》ある品とかではなく、酒造会社がおまけに配った宣伝用とか、料理屋で使っていたもの、何か祝い事で配ったものなどの雑器だ。

こういう盃はつぶれた料理屋や古い家の蔵から、古物商が十把《じっぱ》ひとからげに手に入れたらしきものが、地方の古道具屋や、お祭、日曜市などの露店でほこりをかぶって売られている。そんなのを旅先でみつけると一つ二つ買い求めるうち、いつの間にかずいぶんあつまった。

割合多いのは軍隊の除隊を記念したものだ。菊花と旭日旗《きょくじつき》が交叉《こうさ》し「海軍満期紀念」と入る。金銀で鶴亀《つるかめ》の描かれた大ぶりは「金婚式」、裏の「高田」は高田家の祝に配られたものだろう。「米壽《べいじゅ》」は芝崎・岩澤、昭和十五年とある。鶴が「還暦祝」の幟《のぼり》をくわえ飛んでゆく図柄のも目出度い。昔は祝いごとに盃をつくり配ったのだ。或《あるい》は宴席で使った名入り盃を「縁起物ですからどうぞお持ち帰りください」としたのだろう。

料亭で使っていたものもいい。「池田・角糸楼」は大阪池田市か。「白骨温泉《しらほね》杵屋《きねや》」は長野県。「市太楼」とだけあるのはどこだろうか。精密なイラストの「旅順白玉山表忠塔」は満州土産のようだ。金襴手《きんらんで》の「伏見桃山御陵」も土産品だろう。

これらは既成の型の白盃に注文で文字や絵を入れた量産品だ。そのためか、手にした持ち具合、唇にあたる角度、触感など盃としては究極のフォルムを持ち、飲みやすさ、使いやすさは完璧《かんぺき》だ。芸術家先生の「作品」の盃とは大違いで、飲む道具に徹した洗練の美を持っている。

大黒に鼠《ねずみ》、宝船、とりわけ私の宝物にしている美しい芦辺《あしべ》の雁《がん》など、今は見られない古風な絵柄は心を和ませ、この盃でどんな人が、何を名目に酒を飲んだのか想像しながら一杯やるのは、何々焼の名品とか作家先生の芸術品よりもはるかに物語があって愉《たの》しい。

何年か前、カメラ広告の仕事で松江へ撮影に行った。旅人の心象風景を写真にしようというアイデア。先々で風景を写し、夕方一軒の蕎麦屋《そばや》へ入り燗酒《かんざけ》を注文した。出てきたのは珍しく盃で、酒を注ぐと、白地に紺で描かれた藤《ふじ》の花が潤《うるお》いを帯びてなかなかいい。私は機材をしまったカメラマンにもう一枚と頼み、その盃を撮影してもらった。その写真はなかなか良く、コピーライターが数日後何案か持ってきた中から

「見るともなく、見つめていました」というコピーを選んだ。その盃を欲しかったがそうもゆかず、今は広告の作品だけが残っている。

樽《たる》と一升瓶

日本酒の王者は何か。

大吟醸でも秘蔵古酒でもない。それは樽酒である。

樽酒、それも四斗樽ほど堂々とした酒の容器はない。大きく、清潔で、威儀を正した姿かたちはまさに力士の、横綱の風格だ。私は酒の存在感としては世界一と思う。ウイスキーやワイン樽は長く貯蔵するためくすんだ感じでそれが味わいとも言えるけれど、日本酒樽の清浄華やかな威勢とはちがう。

日本人は樽酒に特別の神威をもたせ、神社や祭の奉納、縁起をかつぐ興行などの寄進に用いた。名古屋熱田神宮社殿前には愛知県の地酒百五十銘柄のこもかぶりが、三十列五段に並び壮観である。また東京歌舞伎座《かぶきざ》前のこもかぶり段飾りもなじみ深い。

またお目出たい席には樽酒を用意し、木槌《きづち》で叩《たた》く「鏡割り」をする。日本酒は本来、収穫に感謝し神に捧《ささ》げるものだ。樽酒に白紙の注連《しめ》飾《かざ》りはよく似合う。

緑ゆたかな日本は木の文化を持つといわれ、日本酒と木の相性がよいのはうれしい。白木やタガの青竹の清浄さを貴びながら思い切って大きな容器をつくり、なみなみと酒で満たすのは、昔の日本人の潔癖さと豪快さをよくあらわし雄大な気持ちになる。「斗酒なお辞せず」。ちまちました悩みなど吹っとばす威勢、俠気《きょうき》こそ日本酒と思いたくなる。

樽は本来、酒の輸送のために作られた。重くて割れる甕《かめ》は貯蔵には良いが輸送には向かない。また、樽を保護するために薦《こも》で巻いたのが「こもかぶり」だ。そのこもかぶりは銘酒を華やかに威勢よく見せる酒名や絵柄のキャンバスにもなった。灘《なだ》で作った酒を樽に詰め、船で江戸へ運ぶとき揺られて酒味が増す。これを「東下り《あずまくだ》」とよび、そのまま酒屋へ持ち込み、鎮座させるといかにも初々《ういうい》しく、初もの好みの江戸っ子の人気をよんだという。

神威をもち、初々しさのある樽酒は、それゆえ昔も今も変わらず居酒屋のディスプレーとして第一等の主役だ。神田の「鶴八《つるはち》」はカウンター正面に「菊正宗《きくまさむね》」「賀茂鶴《かもつる》」の四斗樽こもかぶりが重なり、神田にふさわしい威勢をみせている。

樽酒も薦をとり、白木と青竹タガだけの裸にすると一層、清々《すがすが》しく、さっぱりした男の俠気が出てくる。こもかぶりが化粧まわしをつけた力士の晴れ姿とすれば、こちらはさあ実戦の気合いがこもる。

名古屋の古い居酒屋「大甚」は、広い店内の一角に「賀茂鶴」の白木四斗樽をおき、風格をみせる。樽酒は樽酒として売っているのでなく、好みの酒を選び樽詰でと注文する。大甚の「賀茂鶴」はこの店用の特別製でとてもおいしく、冬は一日一樽では足りないそうで夕方、配達が転がして納品する光景を見られる。

私は木栓をゆるめ、勢いよく放出する酒を汲《く》むのを見るのが大好きだ。ひっきりなしの注文に木栓をひねり、片口に受け、じょうごで燗《かん》徳利に注ぐ光景は、樽から量り売り立ち飲みの、居酒屋のルーツをしのばせ江戸時代に返ったような気持ちになれる。大阪の名居酒屋「明治屋」もカウンター正面は「松竹海老」の白木四斗樽だ。ほんのり甘口の大阪らしいやわらかな飲み口は、気持ちをゆるやかにさせる。この店の開店は午後一時。外は明るく、まだ室内の空気のきれいな昼下がり、ここの年期の入ったカウンターに座り、じんわりと樽酒を飲むのは、リタイアした男の至福の時だろう。

居酒屋でなくても、東京浅草の蕎麦《そば》屋「並木藪《やぶ》」には「菊正宗」の四斗こもかぶりがおかれ、そば一枚たぐりに入っても、つい一杯いこうかという気にさせる。江戸前の蕎麦には大吟醸だの何だのより、木の香さわやかな樽酒が一番よく合うようだ。

樽酒はなんといっても白木の杉の移り香が魅力だ。精神を落ちつかすという森林のフィトンチッド効果もあるのかもしれない。バーボンウイスキーは樫樽の内側を焼き香ばしい風味をつけ、ジンは杜松《ねず》の実などで風味をつける。日本酒には杉の香りがよく合う。

私は一升瓶が大好きだ。大きく、なで肩の形はおおらかで安定感があり、頼れるオフクロの存在感だ。明治にガラス瓶が作られはじめたとき、一升瓶が基本のスケールになったのがまた豪快でいい。単純に沢山入って便利だったのかもしれないが、酒のレギュラー瓶が一升＝千八百ミリリットルというのは世界最大ではないだろうか。これに較《くら》べればワインやウイスキーなど片手で持てるたかが小瓶だ。まさにマグナム。酒のみは酒がたっぷりあることが嬉《うれ》しい。いいなあ、日本酒って。

男同士、車座になり一升瓶をドンとおいてくみかわすのは大変いいものだ。これをしたことのない男など信用できないという気もする。また、花見なら一升瓶だ。花見に四合瓶やウイスキー瓶ではサマにならない。

祝いごとに提げてゆくのも裸の一升瓶はいい。酒屋では二本、三本をたくみにしばってくれる。それを提げ人を訪ねるのは気分がいい。

朝までやってる新宿の居酒屋「浪曼房《ろうまんぼう》」は、ワイワイガヤガヤ、丁々発止の議論を肴《さかな》に酒を飲む昔の新宿文化の雰囲気で、ここばかりはサラリーマンも会社の愚痴より、映画や文化の話題に血道をあげる。ここでは酒を一升瓶でとれる。三、四人で飲むときは一杯ずつちまちま頼むよりこの方がいい。どうかなと思っても一升が余ったことはなく、「清泉」「群馬泉」「玉乃光」など飲み口よいものがそろっている。「ヨーシ、一升」と注文し机におけば、さあ腰すえて飲もうと気合いが入り、昔、下宿で一升瓶を中に宴を張った意気がよみがえる。歳《とし》はとっても、たまには徹底的に飲んでみせるのが男というものだ。それには一升瓶ほどふさわしいものはない。

最近は日本酒も四合瓶が増えてきた。(五斗、五合でなく四斗、四合と区切るのはなぜだろう)ワインとほぼ同量の四合瓶は便利でこれからの主流になると思うが、それでも一升瓶は日本酒のシンボルとして不滅だ。一升瓶に栄光あれ!

巨大な樽、おおらかな一升瓶、そして指の先ばかりの小さな盃《さかずき》に至るまで、日本酒は豪気な、また繊細な容器文化をつくり出した。その文化を居酒屋で味わうことができる。

酒名

近頃、年齢のせいか邦楽に心ひかれるようになった。昼少し前、仕事場に行く車を運転しながらラジオの「邦楽のひととき」を聞き、時折、よい曲だなあと耳を傾ける。

先日、東京紀尾井ホールの「近代邦楽の歩み」第一回に出かけて聞いた、東流《あずまりゅう》二弦琴「窓の月」（明治十八年作曲）はとてもよかった。「かすかに匂《にお》う梅の香をたよりに、そぞろ歩きをするという風情《ふぜい》は、いかにも明治らしい雰囲気で、上品かつ美しい」と解説にあるとおり、目を閉じると、静かな月の夜、築地明石町《つきじあかしちょう》あたりの黒塀をつつむ明治の空気がしっとりと感じられた。

曲の美しさとともに魅力をおぼえたのは「窓の月」という、さりげないが趣のある曲名だ。そして日本酒の酒名を連想した。

佐賀に「窓の月」という酒がある。その名は良寛の歌「盗人に取り残されし窓の月」に由来するという。名高い広島の「雨後の月」はよい酒だ。岩手の淡麗な名酒

「月の輪」は動物ではなく池の名前からとったもの。新潟・糸魚川《いといがわ》の酒「月不見の池《つきみずのいけ》」はこの名の池の湧《わ》き水を仕込水に使っているそうだ。

太宰府《だざいふ》に左遷《させん》された菅原道真《すがわらのみちざね》が都を偲《しの》び、月を見ながら盃《さかずき》を重ねる光景を想像し名付けたというのが福岡の「都の月」。長野の「月光」もあたり前の語だけれど酒名となれば趣をおぼえ、冴《さ》えざえした味だろうかと想像する。名前に心ひかれて取りよせた宮崎の地酒焼酎《しょうちゅう》「月の中」は、夫婦二人だけで造っているそうでとてもおいしかった。

窓の月
雨後の月
月の輪
月不見の池
都の月
月光
月の中

「月」とつく酒名をひろってみると短編小説の名品の題名を並べたようになった。世の中すべて洋風化し、あやしげな外国風のネーミングばかりの中に、こうした日本語の美しさを持つ酒名のあるのが私はうれしい。日本酒の名前は相撲の四股名《しこな》に似て、谷風、名寄岩、栃錦《とちにしき》、明歩谷、鏡里、大鵬《たいほう》など、みな酒名と思って眺めても風格がある。男らしく清潔な力強さは日本酒にも相通ずるものがあるのだろう。

以前、長崎の旧丸山遊郭界隈《かいわい》を散歩し、坂を下りた古い酒屋に「園乃蝶《そののちょう》」という大きな看板をみつけ、いかにも遊郭にふさわしい酒名だなと感心したことがあった。調べてみると福岡の蔵で、酒名は長唄《ながうた》『吾妻《あづま》八景』の「目許麗《めもとうるわ》し御所桜　御殿山なす人群の　かほりに酔いし園の蝶」によるとある。邦楽の詞から引いて酒名としたものであった。色気を持ちながら高雅。なんとゆかしい名だろう。

水戸泉、木曾節《きそぶし》、八海山のように四股名も曲名も酒名も、土地の名をとったものがまず多く、その他は自由にイメージをこめ、言葉選びは日本語の美しさを生かしている。

春の鶯《うぐいす》の囀《さえず》り「春鶯囀《しゅんのうてん》」（山梨）、地名・鹿妻《かづま》から引いた「鹿の妻」（宮城）、北斗七星の「七ツ星」（福井）、さりげない渋さのある「深山菊」「山の光」（ともに岐阜）などなど。

春鶯囀

鹿の妻

七ツ星
深山菊
山の光

どれも文章を書くときには使ってみたいと思わせる魅力を持ち、その酒の味に想像が及ぶ。

ところで、最近の酒名は自由奔放だ。「杜氏《とうじ》街道」「美酒の設計」「北リアスの風」「ふりかえれば鳥海」「瑠璃色《るりいろ》の海」「ヨーイトナ」「市兵衛《いちべえ》98」「ランドオブウォーター」などなど、たまたま東北の酒ばかりだけど、何でもありだ。「ふりかえれば鳥海」は、米を育てることからはじめた蔵人が夏の、暑くつらい田の草取りの最中、腰を伸ばして振りかえると鳥海山がそこにあり、名づけたそうだ。

これらはみな大変な名酒ばかりだ。ネーミングは不思議なもので妙な名前と思っても、中味がよければたちまち好意的になる。先日も東京大塚の居酒屋「こなから」で愛知の「醸《かも》し人九平次」という酒をすすめられ、「しゃらくさい名前」と思いつつ味わうと、とてもとてもおいしく、途端に見直してしまった。尾瀬あきら氏が漫画に使った「どすこい誉」が面白いからとそのまま酒名になったものもある。（仙台「一心」で飲めます。たいへんおいしい）どんな名前でも中身さえよければ楽しいものだ。

それでも、底光りするような古い酒名は往年の日本人の感性をよく伝えて、味わい深い魅力がある。

「近代邦楽の歩み」第二回では筑前琵琶《ちくぜんびわ》「湖水渡」（明治三十一年作曲）という作品が楽しみだ。この曲名は酒の名にもふさわしい。酒ならば、どんな味がするのだろうか。

国税庁対飲んべい

酒は酒税法により大蔵省（現財務省）国税庁が管理している。同じ食品でも醬油《しょうゆ》もジュースも大根もサンマも税金はかからない。つまり、国にとって酒は食品ではなく税金の対象である。酒税は明治時代、富国強兵を推進するため税の大幅増収を考えて整備された。以来、酒造大メーカーも、地方の小さな蔵も、デパートの酒売場も、町の酒屋も、その首根っこはしっかり国税庁に、にぎられている。

私は、山形県のあるワイナリーにワイン仕込みの体験に行ったことがある。まず完熟したぶどうの収穫からはじめ、「その間、いくらでもつまみ食いしてください」と言われ喜んで口に入れていたけれど、収穫したぶどうを秤《はかり》にのせ目方をはかってからは一粒もとらぬように言われた。その後、ぶどうを実と軸に分け、実はジュースにしぼり、しぼりカスが出た。収穫したぶどう、軸、しぼったジュース、しぼりカスの数字はすべて税務署に報告が義務づけられ、そこからはじまる工程にも数字の報告は常につきまとい、酒造にかける税務署のシビアさを知った。

税務署の目的は税を多く、もれなくとることだから国民にはおおいに酒を飲んでもらわないと困る。戦時中、本物の酒が三分の一しか入らず、他はアルコールでのばした三増酒《さんぞうしゅ》も酒と認めたのはそのためだ。国民に酒をゆきわたらせるためとは思えない。薄くのばしたものは酒ではない、とすれば税金分安くなり、さらにゆきわたるはずだ。

一九九二年に改正されるまで、酒には「級別差等課税制度」（一九四三年施行）があった。酒を特級、一級、二級に分け、高い級には高い値段をつけ、その分高い税をとれる。級づけは国税庁が行う。級づけ審査に応募しない酒は二級とされる。

蔵元は同じ酒でも高く売れるので（税金分も高いけど）、審査を受け等級をつけるところが多かったが、消費者に酒を安く提供したい蔵元は審査を受けず二級で売り、あるいは審査の結果の二級でない証明に「無鑑査」と表示する所も出てきた。つまり酒の味は消費者が決めるもので税務署の等級など不要、余計な税で値段を上げたくないという考えだ。そのうち次第に酒好きの間で「二級酒の方がうまい酒がある」と言われるようになった。その結果、等級づけは無意味となり一九九二年に廃止され、日本酒の税金は高級酒（後述）も普通酒も等しく、一升・二百四十円六十六銭と決められた。つまり中味に関係なく日本酒の税金はこれ、と一本化したのである。酒は嗜好《しこう》品《ひん》でうまいまずいは飲む人間のきめること、うまい酒には高い税金を課すというのは全くおかしいから当然のことだ。

国税庁にとっては高い税金を納めてくれる大メーカーの特級酒が一番有難かったのだろうけれど、消費者は、大メーカーよりも本物の地酒、特級よりも二級とこちらもシビアに酒を選んでいったのだ。飲んべいの舌と財布は正直だったということだ。

また日本酒は一九七五年以降、原材料表示を義務づけられた。(それまではなかった! 中味の大部分はアルコールでも表示しなくてよかった)

それは

(1) 米、米麹《こめこうじ》の純米酒

(2) 米、米麹、醸造用アルコール添加酒

(3) 米、米麹、醸造用アルコール、糖類、酸味料、調味料(アミノ酸)添加

の三種だ。

さらに一九九〇年に「特定名称酒」(高級酒)が法律化された。

純米大吟醸

純米吟醸

大吟醸

吟醸
特別純米
純米
特別本醸造
本醸造

この八種に分類し、原料米の等級、精白率、醸造用アルコールの添加率も厳しく制限された。（純米、とうたっていない酒が醸造用アルコール添加のいわゆるアル添酒。少量のアル添は飲み口をよくするという意見もある。本醸造でアル添率はおよそ二十五パーセント以下。昔は醸造用アルコールなどなかったから、本来の日本酒はもちろん純米酒であるが、アル添の方がおいしければそれも良く、これは好みと言える）

そしてそれ以外が普通酒になる。アル添率は五十パーセント以上で三増酒とブレンドしたものもある。今でも日本酒生産量の八十パーセントは三増酒であるが、特定名称酒（高級酒）は日本酒生産量横ばいの中で、その比重を次第に高めている。また特《と》撰《せん》、上撰、佳撰などの名称は、自社製品にランクをつけたいメーカー独自のもので、そこの製品範囲内での意味しか持っていない。

一方、国税庁は醸造化学の研究と、熱心な指導者により日本酒の品質を純粋に高める努力も続け、大きな成果をあげてきた。
　国税庁は毎年、地方と全国で新酒鑑評会を行い、ブラインドテストで優秀と認めた酒に金賞の称号を与えている。ちなみに一九九八年は出品数八百七十九のうち金賞二百二十五、一九九七年は出品同数に二百七十六。出品すれば三分の一くらいは金賞をとれる。その酒は商品化するものでも、しないものでもよく、ほとんどは鑑評会用に特別に作った酒で一般に出まわることはない。（たまにマニアックな高級銘酒居酒屋で受賞酒として飲めることがある。大量生産品でない日本酒は、例えば居酒屋主人が蔵元へ行き、あるタンクの酒を気に入ると「これうちの店用に何本か出してよ」と注文するような小さな世界なのだ）
　したがって、ある時期までは市販酒に「金賞受賞」のラベルをつけられたが、今では「金賞受賞蔵」でなければならなくなった。つまり、そういう酒を造る力のある蔵ということだ。また、数々の名酒を作っている蔵で、鑑評会に無関心なところも多い。うまい、うまくないは、消費者が決めること、という考えであろう。
　日本酒は戦中から戦後の、まがいもののまずい酒による日本酒離れを経て、消費者の本物志向による欲求に応《こた》えるように地酒ブーム、吟醸酒ブームがおき、ただ飲めればよい、酔えればよいという量の時代から、少々値は張っても本物の美酒を味わって飲む時代へ転換を経た。それが現在の品質黄金時代を生んだ。

——であれば、おわかりいただけると思うが、その特定名称酒（高級酒）をぜひ飲んでいただきたいのである。日本酒は黄金時代と言っても、普通酒ではそれは味わえない。私は日本酒から三増酒を追放したい。高級酒といっても日本酒は安い。一升三千円くらいで最高の日本酒を飲める。もっと高いのもあるけれど不自然に高いものよりもこの価格帯に良品がそろっている。

日本酒は戦後、劇的な変化を経た。それは本物の日本酒を守ろう、つくろうとする蔵と、それを流通させようとする酒販店、さらにその酒を味わってもらおうとする熱心な居酒屋、そしてその背後に、うまい酒を安く飲みたいという、飲んべいの大集団があって、現在の美酒黄金時代を生んだと思う。

まさに、飲んべいが日本酒を育てたのである。

新しい名居酒屋

居酒屋は古い店がいい、とあちこちに書いてきたけれど、最近、内容、意欲ともに充実した新しい店が増えているのは大変喜ばしい。

古く伝統のある居酒屋はそれぞれの完成されたスタイルを、「何も変わっていないなあ」と、いつもと同じであることを楽しみに行くが、新しい店は、「今どんな酒を置いているだろうか、料理は何か」を楽しみに暖簾《のれん》をくぐる。近ごろ私がよく足を運ぶのは、大塚「こなから」、代々木上原「笹吟」、恵比寿《えびす》「和《なごみ》」、下北沢「とぶ魚」、月島「味泉」だ。

これらの店の特徴は、ブランド地酒にとらわれず、自分の舌で今一番のみごろの酒を選んでいることだ。したがってあまり聞いたことのない銘柄も多く、「おや」と思わせたり、主人のセンスに気づかされる。人気の八海山、久保田でなく、よりマイナーな蔵だ。

そしてここが重要と思うのは、主人がその酒の品ぞろえをまるで誇らないところだ。地酒ブームに乗り、続々生まれたころの銘酒居酒屋は、品ぞろえの苦労を得々と自慢し、酒の講釈を始める主人がいて閉口した。こちらの飲み方にまで口を出されたりした。まだそういう店はあるが、いずれつぶれるだろう。

今は違う。主人は客の注文の酒を淡々と注いでいる。客に何か質問されれば的確にその酒の育ち、データを答えられるが、味については「まあ好みですから」とあまり深入りしない。講釈よりも並べた酒を見てほしい。味は好み、とさらりとしたものだ。

手に入れる苦労は今でも同じ、また優良酒は刻々と変わっているので日ごろの勉強はより大変になっていると思うが、だからといって旨《うま》い、旨くないは客の決めることと承知している。それだけ日本酒の世界も成熟し、客も日本酒に詳しくなったのだろう。店主の下手な講釈や自慢は腹の中で客に笑われかねない。

もうひとつ共通するのは肴《さかな》、料理の水準が大変高いことだ。同じ刺身でも産地や時季にこだわり、また新しい居酒屋料理の創作に大変熱心で、見事に成果をあげている。これについても保守的な私は、居酒屋の酒の肴は昔からの、蛸《たこ》ぶつ、葱《ねぎ》ぬた、塩辛で充分。その中でどれだけ良心的な仕事をするか、などと講釈していたが、新しい店の新しい料理を口にし、あっさり宗旨替えした。

それらの料理は、アスパラなんとか巻のたぐいの、洋素材が意外と日本酒に合う、などという思いつきではなく、また割烹《かっぽう》気どりの女性むけにチマチマしたものでもなく、酒の肴として考え、今の日本酒に合うように工夫されたものだ。

今の、と言うのは、今は、昔はなかった吟醸酒のようなデリケートな高級酒や、あるいは純米酒、古酒、山廃酒など多様な日本酒を飲むようになったからだ。それに合わせ当然肴もよりきめこまかい対応が考えられる。というよりもそれを面白がる。昔のように酒は量さえ飲めればよい、つまみは塩でいい、という時代ではなく、酒と料理をどちらも楽しむ。それには丸干し、塩辛だけでは物足りないのだろう。

居酒屋丸干し派、敗北か。そうではない。その世界は確実にあるが、それだけではなく、日本酒の向上にともない料理人も昔のままの肴にあぐらをかいていては酒に負ける、みな酒しか飲まなくなるという本能的な危機感が、居酒屋料理の向上と多様化を生んだのだ。

そんな一軒月島「味泉」は、〈日本酒は米から作ります。当店は純米酒を中心にお酒をそろえました。豊かな世界をお楽しみ下さい〉の控えめな貼紙《はりがみ》がいい。おしつけでないあくまでさりげないアピールだ。その証拠に優良な本醸造もちゃんとある。燗《かん》酒《ざけ》のお奨《すす》めもいくつもある。

その品選びの確かさ、豊かさは目もくらむようだ。「王祿《おうろく》」「綿屋《わたや》」だけでも三種ずつ、「天の戸」も「瑠璃色《るりいろ》の海」も「渡舟《わたりぶね》」も、その銘柄数およそ五十か。これだけの酒をきちんと管理できるものかと思うが、注文にこたえ奥のどうやら専用保冷室につぎつぎに取りに行く姿はまことに心強い。

そして、また肴も大変素晴らしい。〇〇産と明記した生シラス、しゃこ、鯖《さば》。〈一人前からそのつど茹《ゆ》でます〉とある枝豆。自家茹でタコの香りと甘みの素晴らしさ。名物煮穴子は煮たのか焼いたのか不思議な調理がほどこされ、ふんわりした甘みが陶然とさせる。店のすみずみから、本物を黙って誠実に出そうという姿勢が伝わってくる。またひとつ名居酒屋が生まれていた。

シブイ肴《さかな》

ネギ

私の一番好きな日本酒の肴はネギ味噌《みそ》だ。アサツキ、万能ネギなど細いネギを洗い、そのまま味噌をつけて食べる。白いところはツンと辛く、その後の日本酒を甘く感じさせとてもよい。イナカ者だなーと思うだろうがその通り、私は長野県出身で、長野の人は生ネギをよく食べる。子供のころ母から「頭がよくなるから食べなさい」と言われ、以来忠実に実行しているもののいまだにその効果はない。でも、安あがりの酒の肴をおぼえた。

普通の太ネギを刻み、カツオ節をかけ醬油《しょうゆ》でまぜあわせたのもいい。次第にネギから水が出てねっとりしてくると味もなじむ。もちろん味噌でもよく、この場合はアルミホイルでちょっと焼くとコゲ風味がつき一層よいけれど、深夜、火を使わない肴という趣旨（？）からはずれる。

味噌だけは故郷のものが一番で私は妹から送ってもらっている。気がつけば父の一番好きな肴が、私の大好物になっていた。

焼海苔《のり》

仕事が夜型の私は毎晩二時をまわったころ家に帰り、一人晩酌するのが最大の愉《たの》しみだ。家人はすでに寝ており、静まりかえった深夜ゆえ料理はせずそこにあるもので飲む。酒のみとしてはウニ、カラスミ、塩辛などの珍味には目がないけれどいつもあるわけではない。そこで仕方なく、普段は見捨てていたものを肴にしてみると、滋味がなかなか酒に合うと気づいた。

例えば焼海苔。「いや、海苔はうまいものだよ」とすぐに声が返ってきそうだけど、では焼海苔だけで飲んだことがありますか。この「だけ」、一品だけをしみじみ味わってみるのが大切。そば屋に入れば焼海苔で一杯やれ、粋《いき》だけど実際やっている人はあまり見ない。これを家でする。中元歳暮もらいものの缶がどこかにあったはずだ。

小皿の醤油にチョイとつけてパリ。箸《はし》なんか要らない。ウム、焼海苔とはうまいものだ。香ばしさが燗酒《かんざけ》によく合って……。

煮干し

新潟地酒をきっかけとしてここ十年ほどで日本酒は飛躍的に向上した。有史以来の黄金時代といわれ、いま日本酒は本当にうまい。

よい酒は、肴は何でも飲める。逆にどんなタイやヒラメの高級刺身も酒がまずければ台なしだ。私は貧乏しているが日本酒だけは贅沢《ぜいたく》をしたい。といっても一升三千円も出せばトップクラスが買えるので日本酒は安い。その分、肴は節約というわけで煮干しだ。中・小型のイリコ・ジャコが食べやすく、最近「食べる煮干し」も売っている。小皿から一匹一匹手につまみ、姿を眺めて口へ。海の小魚をただ干しただけの枯れた滋味が、日本酒の華麗な旨《うま》さを絶妙に引き立てる。カルシウムは体によくストレスをしずめてくれるという。醬油をチョイとふり、スダチを一搾《ひとしぼ》りすれば立派な一品だ。なければ酢三、四滴で味が引き立つ。

天下の高級大吟醸を煮干しで飲《や》る。これこそ通《つう》の、と一人悦に入っている。

ラッキョー

映画『無法松の一生』で小倉の車引き松五郎は、ラッキョーで酒を飲んでいた。なかなかシブイ飲み方だけど、ラッキョーの酢漬けは甘すぎて私には肴にならない。塩とタカノツメだけの塩漬けはめったに見ない。たまり漬けはしょっぱく、ラッキョーの風味がいまひとつ弱い。

と、お嘆きの貴兄に、初夏の八百屋に漬物用の生ラッキョーが出たらチャンスだ。そのまま味噌をつけ、カプリとやるとツンと辛くラッキョーの清爽《せいそう》にして、どこか伝法な魅力を存分に味わえる。早い話がエシャレットだけど、時季のものはシャープさが違う。

若いラッキョーは猛烈ににおいが強く、台所は一ヵ月ほどそのにおいになり、女房はあきらめている。でもこれは年に一度の楽しみ。日本酒の飲み方も燗酒から常温にかわるころ、一年で最も気力の充実するさわやかな五月に、心身に精気を与えてくれるようだ。生のまま味噌につっこんでおくと二、三日後に飴色《あめいろ》になり、これまた泣けるうまさになる。

蒲鉾《かまぼこ》

蒲鉾も最近あまり珍しがられなくなった。駅弁や五目そばに紅白で入っていても、なんだか蒲鉾でお茶をにごしたかのようだ。でも私はこのごろ、大の蒲鉾党だ。

蒲鉾ははっきりしていて値段の高いほどおいしい。これは仕方がないけれど安蒲鉾も十分いける。全国にはいろんな変わり蒲鉾があるけれど私は普通のシンプルな蒸し蒲鉾がいい。

小盆に燗酒の徳利と盃《さかずき》、板つきの蒲鉾を置き、その都度切って食べる。厚い本物の木の板が自然な安心感を与え、まな板がわりに切る仕事が案外楽しいものだ。小皿に醬油《しょうゆ》とワサビは欠かせないが佐賀の名品・柚子胡椒《ゆずこしょう》もまたよい。

不思議に蒲鉾は薄く切るとおいしくなく、二センチほどの厚切りにすると味の出るのは食感のためだろうか。そば屋の酒の肴の板わさは必ず厚切りだ。

蒲鉾を肴に一杯やるのはなかなか粋と思う。そば屋には板わさがあるけれど居酒屋にあまり蒲鉾を置いていないのは残念だ。それを家の一人晩酌で楽しむ。

タクアン

タクアンの嫌いな人はいるだろうか。貧乏くさいと笑わば笑え。タクアンこそ日本人の郷愁、永遠のご飯の名わき役だ。山登りの握り飯に添えられたタクアン二切れを、貴重な思いでかじった覚えがあるでしょう。

これが日本酒に合う。甘いのはダメで、よく漬かったひねタクアンの一本漬けを買い、十センチほどに切りそのまま丸かじりする。この男らしい（?）丸かじりが大切。

タクアンは金気《かなけ》を嫌うようだ。

しわの寄ったタクアンをガブリとやり、日本酒をグビリ、またタクアンを……。この場合は高級大吟醸よりも力強い純米酒、その常温茶わん酒がいい。「秋の日や我は飯食う男なり」ではないが、男一匹、あぐらをかいてタクアンで酒を飲む。

タクアンは結構塩分が強く、酒がすすみすぎるので、私はお茶を入れ、酒とお茶を交互に飲む。そのうちお茶とタクアンだけでよくなってしまう。日本人だなー。

魚肉ソーセージ

グルメな世の中、本物志向、ぜいたく志向になり、ハム、ソーセージも手作りの良い品がたくさんある。食品売り場に並ぶ豪華なブランド品の隅に、まるで居てはいけないように影うすく、ひっそりと小さくなっているのが魚肉ソーセージだ。

肉、その肉を使ったハムなど高根の花のころ、日本人はあり余る魚でそれをまねた。真っ赤なセロハンをとり、白いビニールをツーとむくと、添加物、発色剤たっぷりの魅力的なピンクの肌がつるり、とあらわれる。それにかぶりつく恍惚《こうこつ》感《かん》をわれらの世代は決して忘れるものではない。

と、泣くことはないが酒の肴によい。肉ほど重くなくカマボコほど上品（?）でない。そのままよりも、転がしながら三角に切り、化学調味料を振って（これがコツ）、醤油を少しかけると味が調う。
とっておきの大吟醸をバカラのグラスで。これをダンディズムと言わずして……。

チーズ海苔巻き
チーズといってもややこしいうんちくをしようというのではない。スーパーで売っている一番普通のプロセスチーズ。ひと口ずつになっている6Pチーズも便利だ。これに海苔を巻く。乾いた海苔がチーズにしっとりとはりつき、つまんだ感じもよい。
本場のナチュラルチーズよりもプロセスチーズの無機質な味、質感が海苔とよく合い、日本酒を醤油や魚の生ぐささで飲むのに飽きた時これは手ごろだ。手巻きというほどでもないが、一回一回巻いて口に入れるのも手なぐさみによい。
シブイ肴から少しはずれるかもしれないが日本酒とチーズはよく合う。熟成したカマンベールやブルーチーズと吟醸酒はベストマッチ、ボリューム感のあるゴーダと燗酒もなかなかよい。ワインも日本酒も同じ十五度ほどの醸造酒で、食べながら飲む食中酒。合って当然かもしれない。チーズはどうもややこしくてワカランという方は海苔巻きでどうぞ。

佃煮《つくだに》

身近にありながら最近なんとなく人気のないのが佃煮ではないだろうか。頂きものをしても「なんだ、佃煮か」と言われたりする。私も昔はそうだったが、ある日何もないので仕方なく、冷蔵庫に眠っていた佃煮を酒の肴にすると大変よく合い、以来好物になった。

私の好きなのは断然アサリだ。佃煮なんて皆同じと思っていたけれど、あちこち食べ比べ、各店でこんなに味がちがうのかと知った。昔の佃煮は甘く閉口したが、このごろは辛口もふえたようでこの方がいい。

小皿のをツマヨウジで刺し、しみじみ味わう。ねっとりとコクのある甘辛の中から次第にアサリの旨味《うまみ》があらわれ、やはり佃煮は大したものだ。そのコクをさらりと流す日本酒のうまさ。味の濃い佃煮にはつめたい吟醸よりも純米酒の燗酒がいい。私の好きな新潟銘酒「鶴《つる》の友」「千代の光」「巻機《まきはた》」「清泉《きよいずみ》」あたりがあればベストだ。新潟にもうまいアサリの佃煮はあるんでしょうか。

大根漬け

最近気に入っている簡単な酒の肴を一つ。

大根を皮つきのまま拍子木に切り醬油に漬け、昆布とタカノツメを入れる。これだけ。醬油は大根がかぶるまで入れなくても、水が出てやがてヒタヒタになる。朝作って夜の晩酌にちょうどよく、本で知りやみつきになった。皮のところがバリバリしておいしい。結構ラフに切っても太い細いで漬かり加減が変わり、よく漬かった一切れの次はあっさりめにしようかと選べ、かえって面白い。

こんなものは自分で作った方が結果が楽しみだ。食べ終わると保存容器に醬油がなみなみと残るが、大根から出た水で薄まっており、もったいないので煮魚の下地にした。

仕事を終え、深夜家に帰り、寝る支度をすませ、大根漬けをボリッとやりながら一人、盃を傾ける。晩酌の肴はあれこれ並べるよりも、一品をしみじみ味わうのがいい。安あがりなれど至福のひとときである。

実践編

家を出て居酒屋へ

会社を定年退職し自分の時間を持てるようになったが行く所がなく、妻の出かける先にどこでもベタベタついてゆく男たちを「濡《ぬ》れ落葉」と言うそうだ。

会社だけが社会との接点だったため、そこから出ると行く場所も知り合いも、何ひとつない自分に気がつく。近所づきあいはおろか、家の近くを歩いたこともなく、会社のまわりの方がはるかによく知っている。もちろん近所に誰が住んでいるのかも知らず、はじめての人に会っても「どちらの会社ですか」以外に質問がみつからない。また、会社を辞める頃はそれなりに部下もいて、何かといえば人に頼む横柄《おうへい》な態度が身につき、それを家庭やレストランや買物にもち出すので嫌われる。

趣味も遊びも知らず、今さら自分を裸にして他人のグループへ入ってゆく度胸もなく、家にじっとしている。妻からしてみれば、今までは昼間いなかった亭主が一日中家にいて、気づまりで出かけてもついてくるのではたまらないだろう。そうではなく、お互いが互いに干渉せず、どこへ行くのか尋ねない。自分は自分の好きにするから君も勝手にやってくれ。いやでも一緒に住まねばならぬのなら、できるだけ顔を合わせないでいるのが長持ちの秘訣《ひけつ》だ。ということになる。

――それでだ。趣味もなく、友達もなく、行く所もなければ、……そうです。酒を飲みにゆけばいい。これはいいアイデアだ。ヨーシ、残りのオレの人生、酒飲んですごそうと決めてしまえば何やら振っきれ、気宇《きう》も壮大になるというものだ。「とんでもない」と目尻《めじり》つりあげる奥方（山の神？）には黙っていよう。

人間も五十を過ぎれば、時折、自分は昔自分が思い描いていたような人間になったのだろうか、と考える時があると思う。出世とか野心の達成はともかくとして、他人に寛大であるかとか、義俠心《ぎきょうしん》があるかとか、人間的に生きたかとか、そういうことだ。

しかしこれなら、心構えひとつで今からでもできるかもしれない。出世も地位もどうやら先が見えたのなら、せめてこれからの人生を、昔思った自分、こういう人間になりたいと考えていた姿に近づけてみようと願う気持ちがおきてこないだろうか。

そのひとつが〈残りの人生、居酒屋でゆっくり酒飲んですごそう〉ではお笑い草だけど、まあよいではないか。働きづめだった今までにおさらばして、居酒屋で本来の自分をみつけてゆく、これは自己再生の第一歩なのだ。第一、家でゴロゴロしてない

から女房も助かるだろう。（と、勝手な理屈をつけて）

これは長い修業だから、あわてずゆっくり経験を積み重ねてゆく。

まず、人を誘おうと思わず、妻がつれてけと言ってもきっぱり断わり、断固一人でゆく。万一、妻に行先を訊《き》かれたら「酒飲みに」、これだけでよい。

「何時に帰るの、夕飯はどうしますか？」

うるさく訊かれたら「分からん」でもよいが、切口上にすることもないから「二、三時間で帰るつもり。お茶漬の支度だけしといてくれ。先に寝ていていいよ」と答える。けげんな顔を後に玄関を出た、その気分の爽快《そうかい》さ！　さあオレはこれから一人だ。

つまり、ミニ家出のすすめである。家出とはもちろん自立の第一歩だ。会社と家庭があって今までの人生があった。しかしもうひとつの人生があってもよいではないか。

世の中には〈二足のわらじ〉で二つの人生を並行させている人もいるときくけれど、とてもそんな器用な、中途半端《ちゅうとはんぱ》なことはできなく、全身で仕事と家庭に打ちこんできた。さてこれからもう一つのわらじにはきかえ新しい旅へ出るのだ。といっても二、三時間で帰ってくるところが度胸がないというか、ご愛敬《あいきょう》だけど、家庭をこわそうというのではないから、まずはこのぐらいでよかろう。

ある人が「男は一年に一度くらい行方不明になるものだ」と言い、事実それを実行し、カッコよいなあと思っていた。サラリーマンには夢のまた夢だ。また山好きのある人は「山行ってくる、一週間かそこら連絡はとれない」と出てゆく。山は予定通り帰らないと心配になるけれど、ただの旅行なら心配ない。「ちょっと旅行してくる。連絡はとれない」いずれはこうして出てゆこう。どこに居るか分からない、生死もわからない。これが大切だ。「どうせ浮気でもするんでしょう」と思われそうだけど、するかもしれないし、しないかもしれない。そういう事も自分の自由だ。親の死に目に会えないかも、それも覚悟のうえだ。

もちろん同じことを妻や子供がはじめても許す。一人で自分に全責任をもって何日間かをすごす。すごしてどうするかというと、本来の自分を発見する、あるいは本来そうありたかった自分に帰るのである。とはいえ、ナニ、インドを放浪するのではない。どこかに行って一週間ばかり酒飲んでくるだけだ。

少し余談だけれど、私は東京に住んでいるが、どこか別の場所、東京とは文化風土の違うところで一年ほど暮らしてみたい。例えば関西か沖縄。外国はもう色々面倒だから国内がいい。時々東京の自宅にも気軽に戻れる。それも歳《とし》とってからでは遅く、居酒屋や酒場をハシゴする体力気力のあるうちに実行してみたい。事実それをしている人もまわりにいるが、身すぎ世すぎの仕事にひいひい言ってる私には今は無理なのが情ない。どこか〈ここは違う場所〉にいつも憧《あこが》れるのは私の性格なのだろうか。それで毎晩、酒飲みにあちこちうろうろするのかと言われれば一言もないけれど、家でも飲めるのに、わざわざ外へ出かけて酒を飲むのには多少、その要素もあるのだ。

これだけのわがままと理屈と正当化を用意し、壮大な（？）計画を胸に秘め、ちょいと二、三時間、一人で酒を飲みに出る。そう、私の居酒屋のすすめは、自己回復のすすめなのだ。

しかしそうして家を出れば何もかも、一人でしなければならない。同じ町が今までとは違う風景に見えてくるのに気づくだろう。酒を飲むといっても、まずどこの店へ入るか。主旨（未知の世界に一人で入ってゆき、自己発見する）から考えて、ここはぜひ、知らないはじめての店に入ることからはじめてほしい。居酒屋とひと口に言うけれど、いざとなればどこへ入ってよいのかとまどうものだ。ヘタをすると迷っているうちに疲れてしまう。

とはいえ、ある一軒に入る。会社の同僚や部下、あるいは取引先の接待酒にばかり慣れていた人には心細く感じるだろう。自分にかわって注文を通してくれる部下もいない。それどころか、注文したいという意思に店の人が気づいてくれない時もある。さて酒が届いても話し相手はなく、一人酒の一時間に耐えられるだろうか。

否応《いやおう》なく、会社も肩書も妻もいない裸の自分に直面し、自分を見つめることになる。そこから出発するのだ。

近所にいきつけをつくる

私も若い頃はよく飲んだ。銀座のサラリーマン時代は、ほぼ毎晩飲んだ。自分にその気はなくても夕方ともなれば「オーイ、飲むか」と誰かが声をかける。そうすれば今日の仕事も明日だ。

「一軒だけナ」と言ってもそれで終ったことはなく居酒屋の次はバーへゆく。あの頃は景気がよく「終電がなくなる」と言いながら、皆平気で横浜や千葉へタクシーで帰って行った。新入社員の私は、千葉の独身寮へ入ったがもちろんタクシーで帰る金などない。酒も二軒目、三軒目となると話は大佳境に入り、一番面白くなる。ただ面白いだけではなく、会社の人間関係の裏側など、耳をそば立てるキナ臭い話も出てくる。

その最高潮の時、終電のために先に席を立たねばならぬのはなんとも口惜《くや》しく、入寮六ヵ月にして私は断固都心の、気軽にタクシーで帰れる所に住むことにした。時は金なりだ。遅くまで心おきなく飲むために住む所を替えた。そうすると、皆と別れて帰っても、まだ近所の居酒屋やバーが開いている。つい、もう一軒と入る。そこで、家の近くで飲む醍醐味《だいごみ》を憶《おぼ》えてしまった。

家の近くで飲むのはいい。ここまで来れば後は歩いて帰れる安心感がいい。結婚してからもマンションのわが家に灯りのついているのを見ながら、素通りして居酒屋へ入り、最初は気がひけたけどそれもすぐ慣れた。（コラッ）

近所で飲む良さは町内の親しみだ。

「オレ、この近所なんだよ。あの坂のマンション」

「あ、そうなんですか」

主人も地元の客となれば親近感がちがうようだ。会社の近所で飲んでいるとどうしても会社の顔、気持ちになっている。それがご近所では自分の顔にもどり、会社や職業などはむしろ話さない。これがいい。

そういうわけで、自立のための第一歩としては町内の居酒屋に入りたい。焼鳥屋でもそば屋でも、一杯飲める所ならどこでもよい。駅前へ行けば何かあるだろう。「酒飲んでくる」と凄《すご》んで出たけれど、なに、近所をうろついているだけだ。

近所は人目につくので身なりをととのえよう。小ざっぱりとラフな格好、ただし上等なもので、足元は靴よりも下駄《げた》かサンダルがご近所感を強調する。カバンなど持たず、新聞と財布とメガネケースだけだ。入るのは開店早々がよい。あまり八時、九時の夜おそくに酒のみに出歩いてるのはヘンだ。

適当に注文し、新聞でも読んでいる。ビール一本に酒一、二本位であっさり切りあげ、さらりと帰る。これで三度も行けばもう常連、店の方から声かけてくる。

「ご近所なんですか」

「うん、〇〇町」

「あ、そうですか。毎度ありがとうございます」

隠しはしないが身分は小出しに明かしてゆく。そのうちに、あの人は夕方ここへ来て一杯やるのが習慣なんだ、と信用がつく。しかもご近所で、身ぎれいに飲んでいれば店にとっては上客である。身なり、振る舞いをよくしていればそのうち近所のうば桜が噂《うわさ》するかもしれない。(しないか)

気に入りの店が決まったら女房殿に「どこそこへ行ってくる」と明かしておくのもよいことだろう。行先が分かっていれば安心だ。家庭的な店ならば一度くらい女房も連れてゆき、主人に紹介してしまえばいっそう安心される。

「これ、女房」

「え、あ、そうですか。毎度お世話に……、あ、これ言っちゃまずいかな」

「まずいよー、ハハハ」

店の主人と亭主が仲がよければ女房も安心だ。安心し、「へーえ、こんな所でお酒飲んでるのね。幾らするのかしら。ウチより味はいいのかな」と興味をもつ。

女は金にうるさく頭の中でパチパチと算盤《そろばん》はじくだろうから、ワリとその日は安いものだけにしよう。こんなもの家でも出してるでしょう、という顔をされても無視だ。

近所で、それなりの振る舞いができ、きれいに酒を飲める亭主を「やるわね」と思うか、単なる無駄遣いと思うかで女房は区別される。後者としたら、それは不作ということだろう。

男は（女も）、会社や仕事のほかに、（当たり前すぎるほど当たり前だけど）一人の大人として社会生活ができなければいけない。近所の居酒屋やそば屋、寿司《すし》屋を大切にし、そこへ顔を出すのはつき合いの第一歩で、それも社交である。突然、法事になり寿司屋へ大量の出前の電話をし「ようがす、明日二十人ね」と即座に返事をもらえるようになりたい。

あるいは人寄せをして家では扱いかねるとき、行きつけの居酒屋の座敷を借り、それを喜んでもらえるようになりたい。

「ようし、特別製の鍋《なべ》やりましょう。魚もいいの入れときますから楽しみにしててくだいよ」

こういう返事をもらうには、やはり日頃の顔出しだ。

中高年となり夫婦二人暮らしにもどれば、お互い家以外に居る場所をつくるのは大切だ。図書館、サークルもよいけれど、酒飲んで世間話できる所はもっと良い。女房公認酒場を近所に、まず持とう。これが第一。

そしてその次は電車に乗り、隣町へゆく。なじみの近所の店もいいけれど、酒飲みは色んな居酒屋で飲んでみたい。

知らない町を歩くのはとても愉《たの》しいものだ。旅行というほどでもない、自分の住む町の、二つ三つ手前や先の町。本屋をみつけたり、アウトドアショップをのぞいたり、コーヒーのうまそうな喫茶店や、古い豆腐屋、そば屋。私はとくに商店街が好きで、魚屋、八百屋、荒物屋となんでもゆっくり見てゆく。もちろんそうして、ぶらりと歩きながら手頃な居酒屋の目星をつけておき、開店を見はからって入る。

ここは町内とは別の、小さいとはいえ旅先の居酒屋だ。同じような品が並んでいてもどことなく居心地はひと味ちがう。とはいえ家の近所である安心感はさほど変わらない。うまくゆけば自分の町の行きつけよりも良い店がみつかるかもしれない。これは電車賃百五十円出してもこっちの方がいいな、と。

また、逆に、わずか二、三駅の違いとはいえ、自分を見知る者のいる町内とはちがう解放感を感じている自分を発見するだろう。

これが、一人の居酒屋の醍醐味だ。ようし、自分はついに一人にもどった。家族も仕事も友人もすべての人間関係から、もしかすると社会からも解放された一人だ。これが本来の自分だ。荒野の中の一人はなかなかできないけれど、ちょっとサエないが町の中の一人ならできる。この肩の軽さの心地よさ。

「すいませーん、ビール。それと……」

旅先で居酒屋に入るには（一）

家の近所で飲む安心感に慣れたら、次は少し遠出をしてみよう。わざわざ電車に乗り、出かけてゆくのはその店の個性を楽しむためだ。酒なんかどこで飲んだって同じ、ではない。酒そのものは同じかもしれないが、居酒屋は居心地を味わう所だから、これぱかりは出かけて行かなければできないことだ。

東京ならば古い歴史をもつ居酒屋の多い下町がおすすめだ。月島「岸田屋」、門前仲町「魚三酒場」「浅七」、森下「山利喜」、千住《せんじゅ》「大はし」、人形町「笹新」、湯島「シンスケ」、神田「みますや」「鶴八《つるはち》」「神田小町」「新八」などなど東京下町には名居酒屋がつぶぞろいだ。あなたも必ずや、気に入りの一軒と出会うに違いない。また山の手にも、渋谷「とみ廣《ひろ》」「佐賀」、三軒茶屋「赤鬼」、自由が丘「金田」と、出かける価値のある居酒屋がそろっている。

これは、訪ねる店を決めて行く方法で、もう一つ進歩（？）すると、知らない町に行きあたりばったりで出かけるやり方がある。これもまたなかなかスリリングでおもしろいものだ。例えばどこでもよい。仮に山手線を思い描いて、「よし、浜松町。今日は浜松町で飲もう」と決める。これが目白でも大塚でも（大塚は実は名居酒屋地帯）どこでもよく、夕方から町歩きを兼ねて居酒屋を物色する。私はあまり縁のなかった足立《あだち》区や江東区を歩き、面白い思いをした。

よい居酒屋が見つけられなくても、その時はその時だ。居酒屋がなければ食堂がある。はじめての町の食堂でビール一本飲んで餃子《ギョーザ》とチャーハンで帰るのも、これはこれで何かしみじみしたものが残るものだ。土産にひなびた団子屋でもみつかるかもしれない。

こうして慣れると、いよいよ旅に出て飲む、という事になる。何のために何に慣れてきたか。それは「酒を飲みにゆく一人旅」に出るためだ。繰り返すが、酒なんてどこで飲んでも同じ、ではない。居酒屋は居心地を愉《たの》しむ、その居心地に「旅先」という最上の味つけが加わる。

あなたは一人旅をした事があるだろうか。

一人旅は心細いものだ。一人だから何もかも自分で決め、自分で手配し、自分がやらなければ何も進まない。極端に言えば宿に着き少し横になって休み、夕方は自分で起きない限り誰も誘ってはこない。そのまま寝ていれば夕飯は食べられず朝になる。

これが良いのだ。会社も家庭も、まわりに常に人がいればこそ自分も自在に振る舞えたが、定年になれば、あるいは万一、一人になれば一人で生きてゆかねばならない。そのためには一人旅をしてみるのが一番よい。

と言っても、なに外国へ行くわけでなし、たかだか国内の一、二泊だ。日本語は通じるし、登山ではない町場だからいざとなれば電話もあるし何でもある。困ったら家へ電話すればよいのだ。

さて、以下は「酒を飲みにゆく一人旅」のノウハウだ。

まず行先を決める。どこでもいいが、たとえば京都としよう。京都の人は東京へ酒を飲みに行くとしよう。修学旅行や出張で行ったきりの町を、ぶらりと歩き、本屋へ入ったり、商店街を歩いたり、落ちついた喫茶店でゆっくりコーヒーを飲んでみるのも楽しみだ。もちろん夜は酒だ。

決めたら宿の手配だ。私はいつもビジネスホテルだ。どうせ寝るだけだからこれで十分だ。

日本旅館は避ける。旅館と食事はセットなので夜、居酒屋へ行けない。これでは何しにきたのか分からない。それでは素泊り朝食のみでとなるが、と言って宿料が安くなるだろうか。

仮にそうしたとして、外で飲んで帰ってきてさあゆっくり朝寝坊、といっても朝は必ず「おフトン上げまーす」と七時頃たたき起こされ、これほど嫌なことはない。それもうっかりすると黙って入ってくる。では念のため前の日に「朝は起こさないでください」と伝えてもまず、嫌な顔をされるだろう。「朝食も八時までにお願いします、片づきませんから」。要するに旅館は旅館側の都合にこちらが合わせるしかない。これなら家に居た方がのびのびできる。ゆっくりと畳の部屋に一人で思いきり眠ってみたいという望みも案外難しいのだ。一流の旅館はそういうことはないのだろうか。

名旅館に泊まることを楽しむのなら話は別だけど、旅館の食事にありがちな冷たいテンプラ、マグロの刺身、そして今時まだこんな、というようなまずい酒を飲まねばならない。旅館の酒は九十九パーセントまずい。私は用心して家から飲みたい日本酒を持ってゆき、夕食は部屋出しにしてもらってそれを飲んだが大変ツマラナかった。

そこでビジネスホテルだ。これほど気楽なものはない。

早めにチェックインして荷物を置き、すぐそのままリュックを肩に町へ出る。言うまでもなく居酒屋の下見だ。この町の繁華街、飲み屋街はどこかはすでにタクシー運転手とホテルのフロントで尋ねてある。ホテルには大体、町のマップがあるのでもらって赤で囲む。

よい居酒屋情報はタクシーもホテルフロントもあまりあてにならない。タクシー運転手は夜、酒を飲みに出ないし、ホテルで教えるのは観光客向けの店ばかりだ。地元の酒好きの通う居酒屋に入るのを目的に来たのだからそれでは満足できない。ただしラーメンに関してはタクシー運転手は絶対信頼できる。特徴、値段、何時までやってるかもスラスラと教えてくれる。私は駅からホテルへ向かうタクシーで必ずこれを尋ね、その時少し遠回りしても店の前を通ってもらう。一度でも見ておけば何かしら見当がつく。

飲み屋街を教わったら、通りをタテヨコナナメとじっくり歩き、居酒屋を探しながら土地勘をつける。昼間の居酒屋は夜と違い素顔をさらして、案外本当の様子がみえるものだ。化粧をおとして女性の本当の顔が分かるようなものか。また、飲み屋街は夜になると風景が一変するので、昼に歩いておくことは大変役に立つ。

見るポイントは店構えだ。古くて、しかも清潔な店をまずみつける。新築ピカピカではその町の情緒を味わえず、入ってしまえばいつもと同じになってしまう。その店が歴史的に古いかどうかは改装しているかもしれないので外見ではわからないが、少なくとも古い建物であれば店も古いだろう。

午後の居酒屋は、のれんは出していなくても玄関があき、中で主人か若いのが休んでいたり、ぼちぼち夜の仕度をはじめていたりするところがある。そうすると入ってゆき、声をかける。

「すみません、夕方は何時からですか」

「えっと、五時ですが」

「はい……」

その間にパパッと店内に目をやり雰囲気をつかみ、大急ぎに品書を見て何か変わったうまそうなものがあるか見当をつける。ここが勝負どころだ。

「あの、何か用ですか」というムードになったら「夜、来るかもしれません。よろしく」と声をかけて出てゆく。これで得られるものはずいぶん大きい。「夜、来るかも」はお愛想ではあるけれど、もし本当に来た時「昼間のぞきましたよ」と主人に言うだけで応対がちがってくる。もう一見《いちげん》さんではないのだ。何よりも、主人と何か話すきっかけになる。私はずいぶんこれで活路を（大げさですが）ひらいた。

旅先で居酒屋に入るには（二）

探すのは基本的に小さな、その土地の雰囲気をもった、主人の顔の見える店だ。二階も三階もあるような大型店は避ける。また、郷土料理○○とあまり大きくうたった観光店もつまらない。観光化していない本物の土地の人の食べる郷土料理を、小さな居酒屋でさりげなくみつけたい。

今、地方都市の居酒屋は、団体客用の大型店か、若者向けの安いだけのチェーン居酒屋が優勢で、家族でやってるような小さな店は少ないから割合に見当はつくものだ。迷うのは、ちょっと高級そうなところだ。お金はそんなにないわけではないが、あまり高くては困る。これは高そうだと判《わか》っても座ったら最後、出にくい店は避けたい。この判断は一番難しく、リラックスできないのは楽しくないから基本的には避ける。しかし、チェックしておき夜もう一度みて判断しよう。

居酒屋は当たりはずれがあるけれど、おでん屋は比較的はずれない。どこの町にも

一、二軒はその町の名物おでん屋があるものだ。高いものではないし、大体おでんの他にも肴《さかな》はおいている。
小さな焼鳥屋も無難な選択だ。焼鳥なんて日本中どこへ行っても同じだけれど、入りやすさも同じで、そこに焼鳥以外の面白い肴があればしめたものだ。

飲み屋街を昼間歩くと良いのは、あぶないゾーンも気楽に入ってゆけることだ。「直美」「ひろ子」など女性名のコワそうなスナックが続く横町や、キャバレーやクラブの林立するけばけばしい所も、昼は人影がなく一人でもスタスタ歩いてゆける。たまに、いま目覚めたような目つきの悪いのがじろりと見る時もあるけれど、「ガスの点検です」というような顔をして抜けてゆけばよい。

この、昼間の下見が大変有効であるのは、夜出て行った時に実感する。夕暮れともなれば繁華街は一変し、まったく違う顔をみせる。その時、昼間冷静に実態を把握しておいたことが自信になる。第一、迷わないで済む。これをしないと夜の歓楽街に放たれた一頭の小羊さながら、どこへ入ってよいのか判らないまま一時間もうろうろし、結局、つまらないなあと思いながら安全第一で駅前の二階三階もあるような所へ入ってしまうのだ。

飲み屋の様子も大体見当がついたらコンビニでミネラルウォーター（酔いざめ用）

と野菜ジュース（朝一番用）を買いホテルへ戻り、すぐさま昼寝に入る。それも浴衣《ゆかた》に着替え、厚いカーテンをひいて部屋を暗くし、しっかり二、三時間眠る。日頃の疲れ、乗物の疲れ、下見の疲れをこれでしっかりとる。また、誰も自分を知らない地方都市の静かなホテルで、何ものにもわずらわされずぐっすり眠るのは、ひとつの至福の時でもあるのだ。

さて、四時半だ。そろそろ出かけよう。ぐっすり眠って体調万全だ。銭湯好きの私は下見の時に銭湯をみつけておき、まずそこで一風呂《ひとふろ》浴びそのまま居酒屋へというのもよくやるけれど、それは好きずきだ。

ホテルから飲み屋街へはできるだけ歩いて行きたい。そのためホテルもできるだけ町の中心部にとる。暮れなずむ地方の町を、賑《にぎ》やかな方へ歩いてゆくのは気分のよいものだ。下校してくる女学生を見、勤めを終えたサラリーマンに「ご同輩、ご苦労さん」の目をおくり、様子をかえはじめた町のにぎわいを見る。

そして、まず一軒め。ここで下見が役立つ。早くビールを飲みたいのに行く先が決まらないのは腹の立つものだが、自分が決めない限り永遠に決まらない。要は決断力だけれど、判断材料がなくては決断でなく賭《か》けになる。賭けも面白いけれどはずれもある。最初の一軒だけは堅実に、手堅い勝ちを得ておこう。

昼間の下見で最初はここだと決めておいた店に入る。開店間際《まぎわ》はどこへでも座れる。カウンターをとるか、隅の机で目立たぬようにやるか、それは自由だ。

座ったらビールだ。

「ビールね、生ある？　じゃ生。注文は見とくから先にビール持ってきて」

ビールが届いた。

ググー……。

うまい！　これであなたの肩の力は相当抜けるはずだ。ゆっくり品書を見てゆくと、カワハギ刺身、焼ナス、特製冷奴《ひややっこ》、納豆袋揚げ、しゃこえび……、これだ。

こうして黄金タイムがはじまってゆく。しゃこえびの殻を手でむき、ビールをもう一杯。旅はいいなー。


出だしとしてはまァまァだったか。さてもう一軒。次はうまい地酒を飲みたいが。

店から店へすぐ行くのも味気ないものだ。夜の顔になった町を歩こう。歩きながら私は酒屋をみつける。飲み屋街の中には料飲店への配達で夜おそくまで開いている酒販店がある。そのよさそうな所へ入り、この土地の地酒を見てみよう。

酒屋もいろいろあるけれど、大型保冷庫（リーチイン）をいくつも置き、吟醸酒をしっかり管理しているところは信頼できる。そこで主人に話しかける。

「何か地酒一本、土産に買いたいんだが、四合瓶でいいのないですか」

「そうですね、お好みは」

「……すっきり淡麗ってやつかな」

一本買ったところで必殺の質問だ。

「こういう地酒を飲ませる、いい居酒屋どこか知りませんか」

蛇《じゃ》の道はヘビ。プロはどこに何の酒を納めているか知っている。また店の格も知っている。

「どんな店がいいですか」

ここは明快に注文した方がいい。

「いい酒があって、あまりうるさくない落ちつける店。ある程度食べてきたから酒本位で、五、六千円で飲めるところ」

「うーん、それなら」

店の忙しくなさそうな時こうして相談をする。不案内な地なので場所を正確に教えてもらおう。昼間の下見がここでも役に立つ。

さて、その教わった店だ。なるほどこれは落ちついている。教わらないと一人では入れないだろう。主人は見なれない客にとまどっているようだ。

「いい店ですねー」

「どうも」

「酒は何がありますか」

「はい、ここに書いてあります」

「……じゃ、○○を」

「はい。……ご出張ですか？」

「え、まあ。いや判らなくてあそこの△△酒店できいたんですよ。どこか酒がうまくて落ちつける店はないかって。そしたら、あります、この町で一番のおすすめ店が、とここを教えてくれたんですよ」

最後の部分は誇張もあるが、そこはお世辞だ。

「あ、△△さんで、あ、そうですか」

これでまた肩の力がラクになってゆく。

旅先で居酒屋に入るには（三）

その店を出たら、さっきの酒屋へ戻り、すぐ裏を返そう。

「行ってきたよ、教わった店」

主人はまた来るとは思っていないだろうから驚くに違いない。

「あ、どうでした」

「良かったよ」

良ければそういうし、もし狙《ねら》いとズレていたら「よかったよ。もう一軒、次はもう少し高級な（気楽な）とこ行きたいな」

よーし、と本気になってくれるかもしれない。今の店を紹介しただけに基準が分かっている。これでこの店の主人とも知り合いになった。

一人旅に出たら、積極的に心を開き他人に話しかける方が楽しい。アメリカ人のようにフランクでない日本人はこれが苦手で、とくに会社というせまい社会にしか人間関係のなかった中高年の男は、他人に気楽に声をかけることができない。

ハードボイルドに無口な一人旅もいいけれど、黙ってさえいればよいのだからそれはすぐにできる。むしろ、それこそ誰も見てないのだから恥ずかしがらずに声をかけよう。酒が入れば気持ちも大きくなる。旅の恥はかき捨てだ。

居酒屋主人と話すときは構えずに「いや、酒飲みの一人旅と気どってみたんですが、これがなかなか難しくて」と何ごとも正直な方が気がラクだ。正直でいつもより少し腰を低くする。会社の口調が出て「東京ではね」などと威丈高《いたけだか》になるのは一番いけない。自分の話をしにきたのでなく、知らない土地の、知らない商売の話をききにきたという聞き役の方が断然面白い。こうして「オレがオレが」と威張っていた世間知らずの殻を脱皮してゆくのだ。

話題はやはり食べもののことが一番だ。

「うまいねこれ、珍しいんですか？」

「ナガレコって言うんですがね。東京じゃトコブシってんですか」

「あ、トコブシかあ。その小さいやつね」

「よそから来た人はよろこびますよ」

「今日、東京から来たんだけど、この町で一番古い居酒屋はどこですか」

「そうねえ。だいたい昔は○△町の方が賑《にぎ》やかだったんですよ」

「フンフン」

　こんな調子である。

　ぶらぶら行くと、昼間気になった一見高級そうな店の外に品書が出ている。酒は「鷹勇《たかいさみ》」「豊《とよ》の秋」「李白《りはく》」ね。刺身盛り合わせ二千円は高めだがモノは良いのだろう。刺身と酒二本にお通し代がついても五、六千円ですむな。ちょっと入ってみるか。こういう判断のつく場合もある。

　私は一人旅は二泊三日をすすめる。一泊ではただ行って帰るだけだ。朝、その町で目覚め、今日一日ここにいるという解放感が体をのびのびさせ、そのまま丸一日が、本当に自分の一日として実感できる。

　旅先のホテルはいつまで眠っていても誰も文句は言わない。寝坊の私は大体朝は十時だ。寝呆《ねぼ》けマナコですぐシャワー、そして裸のまま昨日買っておいた野菜ジュースをググーッと飲む。新しいシャツを着て一階のコーヒーショップへ。おっと眼鏡を忘れぬよう。静かなコーヒーショップでコーヒーを飲みながら、ゆっくりと新聞をひろげるのは私の大好きな時間だ。地方紙の小さな記事も面白い。

　朝食は抜きだ。二日酔もあって昼は大体、蕎麦《そば》屋に入る。ぶらりぶらりと良さそうな老舗《しにせ》の蕎麦屋をみつけ歩くのもいいものだ。蕎麦屋で一杯、というのをここで試してみるか。夕方はまた昼寝するから昼のビールもいいだろう。じゃ、卵焼きで……。

昼食が終れば夕方まではそれこそ自由。昼寝しようが、喫茶店で本を読もうが、好きなアウトドアショップでものぞいてみようが何でもいい。私はよく神社を訪ねてみる。古い町には大体緑ゆたかな神社があって、その玉砂利を踏み、森閑とした境内の狛犬《こまいぬ》や古い石碑の文字を読んだり、社殿の彫刻を見たりして浮世を忘れる。そんなことをしてホテルへ帰り、夕方のご出勤タイムまでまた今日も昼寝に入る。

こんな体験を私は『ニッポン居酒屋放浪記』『居酒屋かもめ唄《うた》』という本に書いた。失敗談の数々も入っており、貴重な（？）参考になるかもしれない。

最終的なその土地での目標は、その町に古くから続き、地元の常連で賑わっている名物店にたどりつくことだ。名古屋の「大甚」、横浜の「武蔵屋《むさしや》」、大阪の「明治屋」、京都の「赤垣屋」などがそうだ。庶民的で、昔からの常連が毎日来て、その店がいつまでも続くことを皆が願っているところ。

その店の片隅に座り一杯やっていると、居酒屋とはどういうものであるかがじんわりと分かってくる。居酒屋とは単に酒や肴《さかな》を味わうだけでなく、その町に住む人の心のよりどころであり、サロンなのだ。それは計画して作れるものではなく、また一朝一夕にできるものでもない。そこで飲んでいるうちに次第に自分もその町の住人の一人になったような気持ちがしてくる。これを味わいたかったのだ。そういう店をその町で見つけられたらすべての目的を達したことになるだろう。幸運に恵まれんことを。

さて、二日めともなると、町の繁華街にも慣れてくる。そこで昨日の店にまた顔を出すのも楽しいものだ。

「こんにちは」

「オッ、まだいたんですか」

「へへへ、また来ちゃったよ」

二度めともなると気持ちもラクだ。

「何やってたんですか、昼間」

「いや、ぶらぶらと」

「……うらやましいですねー」

さほどの何をしていたわけでもないが、傍《はた》から聞けばうらやましいのかもしれない。

これで案外、気も張るんだけどもう慣れた。さあて、今回の旅もこの一軒で打ちどめだ。このあとは昨日とちがうラーメン屋へ入って寝よう。コンビニでジュース買うの忘れないようにしないとな。二日間十分楽しんだ。明日は一番で帰ろう。おっと、山の神に何か土産買わないとな。市場があればいいけれど、デパート地下の食品売場で何か面白いものみつけようか。

「ご主人、ここの土産は何がいいかなー」

「そうですねー、普通はカマボコですが、変わったもので……」

「うん、それそれ」

二晩ならこんな話もできる。こうしてみると一つの町に二晩いるのは収穫の多いものだ。

個人的には、この後私はバーへ行く。日本酒にもそろそろ飽き、静かなカウンターで冷たいジントニックを飲みたい。静かなジャズもいい。

バーは慣れないと扉を重く感じるかもしれないが、これほど安心できる酒場もない。もちろんカウンターがあってカクテルの作れるオーセンティックなバーのことだ。

バーは大都市だけのものと思うかもしれないが、そうではなく地方都市には大体一、二軒は古い正統的なバーがあり、しかも大変よいバーであることが多い。それは洋酒を扱う酒屋か、ホテルできけば分かる。「女性のいないきちんとしたカクテルの作れるバー」と尋ねればよい。

カクテルは大体一杯千円から千五百円だろう。値段はどこもそう変わらない。マテイーニ、ジントニック、マンハッタン、モスコミュール、ブラディマリー、マルガリータ……。

二、三杯飲んで五、六千円。酒のみの一人旅のフィニッシュをその町の古いバーで。これもまた得がたい愉《たの》しみなのだ。

町から町へ　和歌山

私は地方に出かけ、その地の居酒屋で一杯やるのを無上の楽しみとしている。その土地の酒を、その土地の肴《さかな》で味わうのが一番とよく言われるが、今や日本中どこへ行っても地方の平均化はすさまじく、一級の魚は皆、東京築地《つきじ》へ行ってしまう。「いや、そんな高級魚でなくていい。普通の地魚や地ものの貝でいい」と願っても、そういう商売にならないものは扱う人がいない。「今どき地元でもそんなの食べる人いませんよ」と言われ、たまにあってもヘンに名物とうたって料理料理してしまう。よって「素朴な地もので一杯」は今やとても難しい注文になってきた。

以前、仕事のついでにたまたま入った和歌山県白浜の「長久酒場」はそんな願いを完全に満たしてくれた。いやむしろ「日本にまだこんな居酒屋があったのか！」と驚きでさえあった。

小黒板の品書はサシミ、ヤキモノ、酢ノモノ、揚モノなどの分類に魚貝の名を記しただけの簡単なもので料理名はない。ここの魚貝は、卸や流通にのらない珍しいものが多く、きりもりする浦辺トシエさんは毎朝二軒の魚屋と八百屋に行き、目ぼしいものを注文してくる。そこにないものは〝ネモトのおじいちゃん〟に頼んで採ってきてもらう。電話ナシの一人暮しで釣りばかりしているこの人は、魚貝の宝庫・紀伊《きい》の海を熟知しており、そろそろこれが採れるはずと頼むのだ。「これもそう」と出してくれた一箱のウニはすばらしくうまい。すくって食べれば一口だが、これだけ採るのは大変だろう。魚はすべてビンビンに生きてるのが運ばれ水槽に放たれる。そこでだらだら生かした「活作り《いけづく》」では断じてなく、今届いた牛ハゲ（カワハギの一種）はたちまち刺身になり水槽滞在時間は十分だった。一足切られた蛸《たこ》が水の中でまた動きはじめる。

新鮮な魚貝だけではなく、例えばここの最大のおすすめ「ウツボ焼」は生干しを十一月に一年分つくり冷凍保存する。ウツボは別名「セガレタチウオ」（判《わか》りますネ）と言い、妊婦には必ず食べさせるというくらい精が強く、アナゴとも鰻《うなぎ》とも違う強《きよう》靭《じん》なコクがある。客の殆《ほとん》どはまずこれを注文し、焼いて砂糖醬油《じようゆ》で食べる。「食べてみる？」と無造作に切ってくれたのは「カラスミ」だ。たいへん高級なものだがこれも自家製だ。最良の子をもつ十〜十一月のボラからとり、塩して一昼夜おき、ガラス板にはさんで天日干しする。活〆《いきじめ》のボラを使うのに気づき、ようやく納得するものになったそうだ。

魚貝だけでなく、獣やカエル、農家に頼み獲ってきてもらうヒヨ（野鳥）など山のものもあるのがまた特徴だ。それもただ珍しいだけではなく、熊《くま》の刺身は刻みネギと合わせて生姜《しょうが》醤油で、独得の苦い香りにはネギがぴたりだ。鹿《しか》は脂《あぶら》が少ないのでゴマ油をかけ、これがとてもよい。どちらにも付く乾いた海苔《のり》のパリッとした香りが合う。つまりただ珍しいだけでなく、それぞれに合った独自の料理をほどこしているのに大きな価値がある。

和歌山地酒の「長久」はサラリとしてとても飲みやすい。この長久酒場は長久直営店でスタートし、今は独立したそうだ。

つやつやと血色のよい浦辺さんはこの店を始めてもう四十年以上になるそうだ。驚くのは年中完全無休で午後四時から十二時まで営業していること。正月もやり、それがもうズーッと続いているという。

店の枯れた雰囲気がまた素晴らしい。お世辞にもシャレてるとか小ぎれいとは言えないが、これを改装してもっとキレイにしたら、などと思う人はまるで居酒屋が判っていない。カウンターに腰をおろし二、三杯飲んでホッとし店内を見まわすと、いかにこの空間が完成されたものであるか気づくであろう。良い居酒屋には必ずある独得の洗練された寛《くつろ》ぎと静謐《せいひつ》がある。長久酒場は大きなL字のカウンターで、中のスノコの板場に立つ浦辺さんにはある種の自然体の威厳があり、店をピシッとひきしめている。

高級魚も、岩肌にくっついて誰も見向きもしない貝も、目の前の海で採れるものを自分で考えた方法で料理する。古く味わいの出た店内、年中無休、いつ行っても飲める。これこそ今の時代に望んでもかなわない本物の居酒屋であろう。

町から町へ　秋田

「おらが秋田は美人の出どこ、お米にお酒に秋田杉」

空港ロビーの不朽（？）の名コピーをちらりと見てタクシー運転手に「川反通り《かわばた》」と告げた。東北一ともいわれる飲み屋街・川反通りは官々接待自粛で火が消えたようだと聞くけれど、秋田県は酒消費量全国第一位、また最近とみに酒質が高まり地元でしか飲めない名酒がいくつも誕生しているという。私はその実態を調査に、いや、その名目で秋田の居酒屋へ酒を飲みに来た。

早速、旭川《あさひ》に沿う川反通りを歩いた。昼日中、人通りはなくアタリをつけるには都合がよい。板塀の大料亭「濱乃家《はまのや》」「以《い》くよ」は敷居が高そうだが、「鍋《なべ》茶屋」「北洲《ほくしゅう》」「てのじ」「亀清《かめせい》」など、私好みの古風な割烹《かっぽう》居酒屋も多い。のぞき見ていると「もしもし」と声をかけられドキリと振り向いた。

「太田さんでしょうか」

「……あ、ハイ」

半袖《はんそで》シャツに丸い顔が笑っている。

「まるひこです」

「オ、や、どうも」

川反通りの酒販店「まるひこ」は数年前、秋田へ初めて来たとき訪ね、いろいろな酒を試飲させてもらい世話になった。秋田へ行くので伺いますと知らせておいたが先に気づかれた。

「よくわかりましたね」

「昼間から飲み屋の看板物色してちゃ、いやでも目立ちますよ」

面目ない。でも丁度よい。おすすめの居酒屋を聞いた。

教わった「酒盃《しゅはい》」は市役所裏の静かな通りにあった。時代劇番所風の玄関を開け、三和土《たたき》で靴をぬぎ奥へ入り、思わず立ちつくした。

広い板の間に、枝を払った巨大な秋田杉丸柱が四本すっくと並び立ち、板戸や古簞《ふるだん》笥《す》が要所をひきしめる。天井高く豪快な空間は映画『七人の侍』の野武士館のようだが、柱、床、鎧戸《よろいど》などはすべてピカピカに磨かれ清潔この上ない。息をのみつつ小卓を囲む円座に腰をおろした。まず、酒だ。

「秋田の酒を何か」

「はい」と答えた若いのが、青い剣道着のような刺子を着たカウンターの主人に相談に行き、やがて運んできた。酒の入る片口もぐい呑《の》みも指にひんやりし、どちらも冷やしてある。

……ツイー。

程よい冷たさ、清々《すがすが》しい口当たり。エレガントな旨味《うまみ》甘味を惜しみつつ喉《のど》へ流すと、さらりと消えて爽《さわ》やかさが残り、またすぐ口にしたくなる。これはいい酒だ。

「酒盃、オリジナルの純米大吟です」

「どこの蔵？」

「由利正宗《まさむね》です」

由利正宗は誠実平凡な名酒（これは得難いこと）で私は大好きだが、こんなハイグレードな吟醸酒を造っているとは知らなかった。勢い込んだ私は次々に飲んでいった。

・天寿「ふりかえれば鳥海」

・刈穂「出羽《でわ》の雫《しずく》」生酛《きもと》

・刈穂「やまとしずく」山廃

・由利正宗「美酒の設計」生

・由利正宗「角太《かくた》」純米吟醸
・浅舞酒造「ランドオブウォーター」
・浅舞酒造「結実《みのり》」

それぞれ個性をもちつついずれも透明感のある清々しい〝きれいな〟酒だ。いわゆる〝水の旨さ〟を感じるタイプながらしっかり味ものせている。とりわけ「美酒の設計」の若々しく清らかな甘味は大変気に入った。秋田にはこんなにレベルの高い酒が揃《そろ》っている。

「いかがですか」手のあいた主人が脇《わき》に来てあぐらをかいた。

「酒は『まるひこ』さんに随分教えてもらいました。刈穂、由利正宗、天の戸など、賞とりの酒（鑑評会用の出品酒）でないのにいいのがありますね」

秋田はここ五、六年、酒販店、酒造組合、居酒屋がそれぞれに良い酒を求めて、いい形で一丸となり飛躍的に酒質が上がったという。

帆立貝の殻でふつふつ煮えている、「鯨と茄子《なす》の貝焼」は塩鯨（黒皮一枚を残した鯨の脂《あぶら》を塩漬けしたもの）、茄子細切り、青葱《あおねぎ》だけの小鍋《こなべ》立てで、白黒緑の三色が美しく、鯨独特の風味がとてもおいしい。

「夏になると出るスタミナ食です、よく子供の頃から食べさせられて」

秋田では一年中、子供でも（ただし男だけ）〝きゃぶろ〟という小さなコンロで一人一鍋がつき、大人は酒、子供はご飯を食べるという。

「簡単で満腹感もあるからでしょう」

「秋田は日本一の酒飲み県ですね」

「ハハハ、他にやることないんですよ」

男は日曜午後二時頃になると誰かの家に行く。三十分ほどたつと、その家の奥さんが別の家へ「〇〇さんが来てる」と声をかけ、そこの男は「だぁが（そんじゃ）」とやって来て男三人揃うと宴会開始。そのうち各家の奥さんが手料理を持って仲間入りしてくるそうだ。

やや広がった額に銀色のひげをたくわえた主人は穏やかで控えめだが話すことには内容があり、落ち着いた物腰は練達の武芸者のようだ。茄子、大根、セロリ、人参《にんじん》などの「がっこ（漬物）」は塩がきつすぎず、爽やかな吟醸酒によく合う。

「酒が良くなりましたから、昔のままの郷土料理も少し変えないと」

「この片口がまた、いいのを揃えましたね」

「いやあ……」

ぐい呑みも片口も皆、自作なのだそうで、このときばかりは絵を賞《ほ》められた子供のようなうれしそうな表情になった。天井から下がる昔の笠《かさ》をつけた白熱電灯が懐《なつ》かしいくつろぎをつくる。秋田に素晴らしい居酒屋があった。

翌日「まるひこ」をのぞいた。

主人の栗谷さんは秋田地酒の向上を願い、同じ志をもつ仙北郡の「アキモト酒店」と交流しつつさまざまな試みを続けている。山田錦《にしき》のとれない秋田では（一度試みたが結実しなかった）県外から酒造好適米を買っていたが、本物の地酒とはその土地の米・水・技で造るものと考え、地元米での酒造りを提唱した。従来の美山錦《みやまにしき》に加え、吟の精、亀《かめ》の尾、また昔の米・陸羽１３２号や改良信交を復活させそれぞれを酒に仕込んだ。

「農業をやっている蔵人が、今度この米を育てて仕込んでみたいと提案し、蔵元が、よし、全部買うから植えてみれと応《こた》える。そういういい関係ができてるんですよ」

栗谷さんは自分のことのように熱を込めて語る。まあ飲んでみてくださいと注がれた「飛良泉・市兵衛《いちべえ》98」「福乃友・改良信交」「刈穂・陸羽１３２号」はいずれも明快な個性をもち力強い。

「川反は不景気といいますが、官々接待で来ていた連中は酒の味なんかみませんし、料理だって一万円のコース用意してもほとんど箸《はし》つけません。それでは酒も料理もレベル落ちるのは当たり前です」

自分たちが本物の秋田の酒、味覚を復活させるという意気込みが頼もしく感じられた。

それから駅前の居酒屋「日本壹《にほんいち》」へ入り、昔一度来たことがある、と話すと気さくなケイコさん、セイコさんが笑った。

「どーこに座ったでや」

「あそこ」

「ああ、あんとき騒いでたシト」

そんなに騒いだかなあ、まあいいや。ここの名物は大きな杉樽《すぎだる》に熱々の石を入れ、魚貝をグラグラ煮立てる男鹿《おが》石焼料理だ。もうもうと上がる湯気を団扇《うちわ》であおぎ、取り出した丸ごと一尾の鯛《たい》に、コゲ味噌《みそ》風味のおつゆは最高だ。最後にそのおつゆでつくった「味噌おじや」に、しんなりしゃっきりの茄子漬けがとてもよく合った。

川反通りに戻り、古風な構えにひかれて「北洲」へ入った。奥の小上がりの窓をあけると、下は旭川の流れだ。座敷から川面《かわも》を見ながら飲む酒は最高だ。

何かわからず注文してみた「いか鍋」は小鍋の味噌だしにイカワタの赤いぶつ切りが浮く（それとイカ塩辛少し、これがコツ。女将《おかみ》さん談）。その鍋でイカをまず煮て食べ、次いでゲソと野菜を入れる。食べ進むうち次第にワタの濃厚な旨味が増し「さしびろ（ひろこ）」という万能ねぎのようなのや春菊がおいしい。

有り体に言って、これはちょっと貧乏くさい味がとてもいい。（この表現わかってくれるかな）そして素性の知れない調味料や見てくれだけの具が一切ない、シンプル真っ正直な味がとても安心感を与える。これはいいものを知った。

「鰊《にしん》のひろこ鍋、って何？」

「生鰊とひろこ（ねぎ）と豆腐ひと口だけの鍋っこ、冬はこれだべさー」

これも旨そうだ。秋田は小鍋立ての王国のようだ。

であれば私の大好物「塩魚汁《しょっつる》鍋」も食べて帰りたい。ハタハタは今、時季でないが保存ものがあるだろう。古風な立体看板が魅力の「鍋茶屋」は、一階の赤く長いカウンターにずらりと十四台のガス台が並び壮観だ。秋田の居酒屋はカウンターや卓に必ずガス栓が一人一個ぐらいについている。

塩魚汁貝焼は大きな帆立の殻で煮る。浅いため具や汁がこぼれそうに見えてこぼれず微妙にバランスがいい。

「昔はみーんなこの殻でやっただよ」

一人前しか入らない貝焼が、素材の相性を選び工夫した、さまざまな一人一鍋の小鍋立てを生んだのかもしれない。

「冬んなると、獲《と》れたてハタハタが旨いよー。兄さんまた来んねば」

酒盃の主人も冬は鱈《たら》の昆布〆《こぶじめ》、だだみ、白子、鴨《かも》とだまっこの鍋あたりは最高と言っていた。

「冬、また来んねばナー」

呟《つぶ》やいた私は冷たいビールをぐーっと飲んだ。

町から町へ　沖縄

私はどこかの土地へ行くと、必ずその一番古い居酒屋に入ってみたくなる。古い建物のまま昔の風情《ふぜい》を残している店がよく、創業は古くても改装し新しくなったところはあまり興味はわかない。居酒屋は酒肴《しゅこう》もさることながら居心地を楽しむところだからだ。

数年前、沖縄で最も古い居酒屋かもしれないと見当をつけたのが那覇《なは》の「小桜」だった。しかし、みつけたその時はもう閉店の時間をすぎ、中をみせてもらっただけで残念な思いをした。先日、ようやくその小桜を訪ねた。

那覇国際通りから入った路地の竜宮通り社交街は、近くの桜坂社交街とともに昔の雰囲気をよく残している。第二次大戦の戦禍にあった沖縄は戦前の居酒屋は残っていないだろうから、この二つの社交街は現存する沖縄の最も古い飲み屋街ではないだろうか。桜坂社交街は小さなスナックバーが迷路のように続き、竜宮通り社交街は居酒屋、おでん屋などの続く情緒あふれる通りだ。ユニークな名前は、まだ飲み屋もあまりない頃に通りの下水道工事をした市の人が、その完成祝のとき、このあたりは乙姫様がいるからと名付けたそうだ。

その竜宮通り社交街で一番古い店が入口近くの小桜だ。小さな木造二階建ては開店の昭和三十年から何もかわっていないという。

一階の年期の入ったカウンターに座るとなんともいえない落ち着きを感じた。沖縄といってもそれらしい飾り物を置くわけではない普通の居酒屋なのが、観光客目当てとは別の地元の人のための店とわからせる。が、品書のトーフチャンプルー、ソーメンチャンプルー、ラフテー、スーチキ（塩豚）、ナーベラ（へちま）や泡盛の銘柄を見れば、まぎれもない沖縄の居酒屋だ。おりしも私の大好物、島ラッキョーの時期。早速それと泡盛古酒《クースー》オンザロックで一息ついた。

当時の〝乙姫〟中山フミエさんは間もなく古希。ご主人は亡《な》くなり二代目の息子さんと二人でこの店を守る。開店の時から使っている包丁の刀身は柄よりも細り、刃の部分は内側にカーブしている。

この店でたいへん素晴らしい品を味わった。それは本物の豆腐餻《とうふよう》だ。沖縄に豆腐餻という珍味があるのは以前から知っており、昔口にしたこともあった。また空港などの土産物店に案外安い値段で売っていて、それも買ってみたが、どちらも正直なところ甘すぎる酒粕《さけかす》のようで、珍重するほどのものではないと思っていた。

ところが小桜の自家製豆腐餻は、十五ミリほどの白くねっとりした、四角形の見かけは同じでも、コク、味の深さはまるでちがう。発酵から生じた味噌《みそ》味、チーズ味、甘味、ナッツのような風味が一体となり、艶然《えんぜん》たる香りも素晴らしく、非常にきめの細かいねっとりした濃厚さは「高貴」という言葉がふさわしい。妻楊子《つまようじ》にほんの一かけが口いっぱいに味と香りをふくらませ、何よりも泡盛古酒にとても合う。合うというよりも本来泡盛のために考案された珍味ではないだろうかと思わせる。

「中国の腐乳がルーツともいわれますが、私は別のものと思います」

感嘆する私に二代目主人が言った。

豆腐餻は、よく吟味した豆腐を十六等分し、腐らぬように一週間陰干しして水を抜く。その時天候を見ながら二〜三時間おきに絶えずひっくり返し、正方形の六面が均等に乾くようにする。

「手指の感触で判断するんですが、これがとても面倒なんですよ」

一週間、昼間は一日中この繰り返しで「自分はこんな事していていいのかなと、いつも思います」と笑う。そうして乾いた豆腐を泡盛で洗い、紅麴《べにこうじ》と泡盛に六ヵ月漬けこみ発酵させる。こんな一粒にも大変な手間ひまがかかっているのだ。

私が、昔口にしたものと全然ちがうと話すと、「あれで豆腐餻はこんなものかと思われては」と自分で作ってみようと、製法を知る古老を探しあて、教わったそうだ。

豆腐餻は琉球《りゆうきゆう》王朝の秘中の珍味だったが、王朝がなくなり料理人が野に下ったため細々と伝承されてきた。この沖縄でもかつては豆腐の腐ったものと敬遠されていたそうだ。私の感じたところでも、豆腐を強烈に塩辛く漬けた腐乳とは、形や質感は似ても味は全く異なる別のものだ。沖縄はもともと豆腐をよく食べ、また大変おいしいところで、背景にそれがあるのだろう。

ある時、小桜にやってきた奈良考古学の先生が「これは古代の〃酥《そ》〃に似ている」と言ったそうだ。「酥」は広辞苑に〈牛または羊の乳を煮つめて濃くしたもの。煉乳《れんにゆう》。酪《らく》。蘇《そ》。〉とある。琉球大学農学部でも豆腐餻の研究を行っているという。沖縄の古い居酒屋で、沖縄の古い珍味の本物に出会った。

町から町へ　小倉・松山

九州小倉に出張した折、居酒屋「武蔵《むさし》」に入った。アーケード街から路地に入る角に建つ大きな二階家のこの店は、昭和二十八年開店。落ちつけるカウンター席の一階もよさそうだが二階へ上った。

二階は棚に靴を置いて上る四、五十畳ほどの畳敷の広間だ。客は二人、三人、四、五人と、それぞれの人数に合わせ適当に小卓、座布団《ざぶとん》をあつめ、隣との境に小さな衝《つい》立《たて》を置いて島をつくり、愉快そうに酒を楽しんでいる。端の板《いた》貼《ば》り床のところは酒や肴《さかな》を支度する配膳カウンターで、前かけ姿のお運びの女性がここに立ち、客の声がかかると出てゆく。

小さな空卓をみつけ薄い座布団を敷きあぐらをかいた。衝立をはさんだ隣は中年の男女各二人。一人が声高に「私はこういう信念で生きている」と語っている。その信念は「貸したものは返らない」のようだ。

武蔵に入るのは二度目だ。誰でも入れる大広間入れこみ座敷の民主的な雰囲気が気に入って、いつかもう一度と思っていた。

入れこみの一人酒もよいものだ。その時効果を発揮するのが置き衝立だ。自分のテリトリーを微妙につくり腰を据えて一杯やる落ちつきをつくる。一人で個室を占領して酒を飲んでもちっとも面白くなく、大勢の他人のなかでちょっと仕切って一人というのが良い。東京の古い料理屋「駒形《こまがた》どぜう」や「鮟鱇鍋《あんこうなべ》いせ源」もこういう大広間の入れこみ式で、昔の大衆料理屋の形式なのだろう。この二軒は整然と座がつくられ順に詰めて座ってゆく。どちらにしても、誰でも平等、お互い融通し合ってというのがいい。

武蔵の後、古いバー「ミックス」に行った。創業昭和三十一年。マスターの鬼塚さんは銀髪がまじりバーテンダーとしてもっとも円熟した年代だ。ある時お嬢さんを連れて来た客が、「昔この店でお母さんとデートした」と話すと、娘さんは「へえー、家では焼酎《しょうちゅう》飲んでるのに、こんなお洒落《しゃれ》な所へ来てたの」と感心していたそうだ。

ひんやりと冷たいモスコミュールのあと、何か寝酒を、の注文に作ってくれた、ウイスキーとドランブイのカクテル「ラスティネール」が甘くおいしかった。

翌日、四国松山に渡り夜九時頃、古そうなおでん屋「いこい」に入った。ゆったりしたカウンターのうしろに広い三和土《たたき》をとり小上りになる。昔の居酒屋は今と違いのびのびと広く、それで古い見当がつく。案の定ここも創業昭和二十九年という。

鍋前におかみさんが座り、美人の若い娘さんが二人手伝う家庭的な雰囲気だ。大衆的な店に、身なりの良い紳士がもの静かに盃《さかずき》をかたむけているのは、昔からの常連なのだろう。こういう店は良い店だ。娘さんが自分の父親と同じくらいの客に「はい、○○さん、お酒」と徳利を渡し、「や、ありがとう」と受け取っているのも心なごむ光景だ。

古い居酒屋はやはり良い。騒々しい若い客は来ないし、店の人も景気づけに大声出したりせず、店全体にしっとりとした落ちつきがある。もちろん庶民の店なので妙な格式もなく気も張らない。

おでんを二、三品とり、何となくテレビの野球中継を眺めていると、そのうちおかみさんがぽそりと「阪神もがんばっとるね」とつぶやき、それをきっかけにこちらも口を開いた。罪のない話題の世間話に気持ちがくつろいでゆく。

いこいを出て、松山に来ると必ず寄るバー「露口」に入った。露口は昭和三十三年、四国最初のサントリーバーとして開店した。場所も最初から変わらず、古びた外観は風格をみせている。

ゆったりしたカウンター一本だけの内装も開店から全く手を入れていないそうで、別段凝ったわけでもない単純な板貼りが、結局飽きないのだろう。サントリー会長の感謝状の隣に、サントリー創業百年に関係者に配った特別ボトルの記念ウイスキーが置かれている。

細かな泡をのぼらせるジントニックがおいしい。長身の露口さんは、もう四十年ですよと笑うが、雰囲気は若々しく、週末土曜の店内には活気があふれている。

いつの間にか隣の夫婦客と話しはじめた。御主人は、ウィークデーは高知に単身赴任して土曜に帰り、やはり仕事を持つ奥さんと一緒にこのバーへ来るのが習慣なのだそうだ。

「ウチにいるより落ちつくんですよ」

「私も、ここだとお客さんで飲めるからいいのよね」

もう二十年近く、夫婦でここにいる時間を大切にしているときき、うらやましい気持になった。夫婦の酒をパブリックな場所でリラックスして楽しめるのは、欧米流のとても健全な洗練された時間のすごし方だ。

地方の町には地元に密着した古い居酒屋やバーがある。そこへ入るといつも心やすまり、よいものだなあと思う。

町から町へ　仙台

青葉繁《しげ》る仙台に行った折、文化横町の渋い居酒屋「源氏」に入った。角のすり減ったコの字カウンター、またいで座る一枚板の腰掛、ほの暗い明かり、着物にまっ白な割烹着《かっぽうぎ》の美人のおかみさんまで、いつ来ても何ひとつ変わらないのがここの良さだ。創業昭和二十五年。その時から続いているぬか床の、おいしいぬか漬も変わらない。「こんどこんなものができました」と、おかみさんが『文化横町事典』という小冊子をくださった。

冒頭に挨拶《あいさつ》文がある。

〈この度、文化横町共栄会は創立五十周年を迎えることができました。（中略）終戦間もない時期をどう生きようかと右往左往し、文化横町に腰を据え……〉

これからもブンヨコ（文化横町）をごひいきに、と結ばれているのを読み、この横町は長生きしそうでほっとした。

冊子によると大正十三年に横町が通り、翌年、活動写真常設館「文化キネマ」が開館して文化横町の名がつき、昭和二十年の仙台空襲後、更に延長したとある。うしろのページはブンヨコ五十一軒の飲食店、居酒屋、スナック、クラブが紹介され見ているだけで楽しい。値段も明記され、共栄会発行の冊子ゆえ、どこも安心できる店ばかりだろう。

日本全国どこの町も画一化し面白味のなくなっている昨今、地元の飲食店が結束して横町を守る、しかもビルにしたりせずこのままでゆこうと再確認しているのはとても心強い。ブンヨコの一番奥、最後は幅五十センチの小路を身を細くして入ってゆく源氏もそれだからこそ良いわけで、ビルのフロアではつまらない。

一人独酌している七十代とおぼしき、みるからに落ち着いた大学教授風の紳士にどことなく見憶《みおぼ》えがあるのは、以前私が来たときも同じ席に座っていたのだろう。

仙台にはブンヨコはじめ、私の断定する〝日本一の飲み屋横町〟東一連鎖街など多くの横町が残り、心はずませる。

源氏を出て、欅《けやき》並木の美しい定禅寺通りの居酒屋「一心」に入った。宮城県産酒を中心にした全国一騎当千の名酒、地魚、生産農家直送の有機野菜による料理で評判の気鋭の店だ。ここで素晴しい酒を味わった。貼紙《はりがみ》によると――

阿部《あべ》亀治《かめじ》
「亀の尾」創選者阿部亀治翁《おう》に捧《ささ》ぐ
純米大吟醸生原酒
余目《あまるめ》町産米「亀の尾」一〇〇%使用

亀の尾という米で造った「阿部亀治」という酒だ。参考に置かれている山形新聞から大略引用させていただこう。
〈「亀の尾」は、山形県余目町の篤農家《とくのうか》・阿部亀治が、明治二十六年、庄内《しょうない》地方の冷害の中、たわわに結実した数株をみつけ三本を持ち帰り、種籾《たねもみ》として育成し品種化に成功した米。その後のコシヒカリやササニシキのルーツであるが、有機農法によるため戦後の化学肥料農法転換により忘れられた。

亀の尾は飯米だけでなく酒造好適米として大正末期から昭和初期に全国の酒蔵で〝西の雄町《おまち》、東の亀の尾〟と珍重された。「亀の尾で造った吟醸酒は素晴らしかった」と言う老杜氏《とうじ》の一言をきいた新潟・久須美《くすみ》酒造ではこの米を復活し、吟醸「亀の翁《お》」を発表して絶賛をあび、尾瀬あきら氏のコミック「夏子の酒」のモデルになった。〉

亀の尾を使った酒は次第に増え、先年、生誕の地・余目町で全国の蔵元十一社があつまり「第一回全国亀の尾サミット」もひらかれた。戦後の農業近代化で消えていった名品の米が、いま酒造好適米として復活したのである。

山形・鯉川《こいかわ》酒造では、阿部亀治のひ孫・喜一氏保存の亀の尾種籾を譲りうけ、阿部家が亀の尾原種保存のため代々守る田で栽培した。つまりオリジナル第一血統の亀の尾米を同じ田の土で育て、その米のみを使って酒を造り、「阿部亀治」と名づけ、ラベル文字を喜一氏が揮毫《きごう》した。

これがその酒だ。ミニグラス一杯千円。

「本当はその倍ですが、高いと飲んでもらえませんのでこうしました」

赤字覚悟。日本酒に熱心な一心の若女将《おかみ》の、この酒に対する尊敬の気持ちが瓶を持つ手つきにあらわれている。

まさに千載一遇、一期《いちご》一会《いちえ》。

――その味は、日本酒とはここまで奥深く、高貴になれるものか。「神聖」という言葉しかうかばなかった。

仙台で古きよき居酒屋と、気鋭の店の名品の酒を味わった。

町から町へ　会津・秋田

真夏の会津若松で居酒屋「麦とろ」に入った。ここは二度め。前に来たときに馬刺と郷土料理の「こづゆ」がとてもおいしかった。

信州松本出身の私は、昔から実家へ帰ると馬刺が用意され、肉屋や居酒屋には当り前に馬刺がある。また熊本でも東北でもよく食べたけれど、味、香り、柔らかな食感、見ための美しさも含め、日本一の馬刺は会津若松の隣町、会津坂下《ばんげ》町産と断定したい。数年前、仕事で長滞在した時によく食べ、確信（?）した。麦とろの主人によると、会津坂下の馬刺は新鮮さに特徴があり、そのため臭気や獣肉の重さがない。

鮮やかな赤い馬刺は脂《あぶら》がのりすぎず、上等なマグロ赤味の香りがする。脂ののった肉をトロのようと珍重する向きもあるけれど、私は馬刺もマグロも赤身がその肉本来のピュアな味を楽しめると思う。

会津の祝料理、こづゆは干し貝柱のダシに里芋、人参《にんじん》、大根、干し椎茸《しいたけ》、干しキクラゲなど乾物を沢山使った煮物だ。塗椀《ぬりわん》の小さな蓋《ふた》で何杯もおかわりする。馬刺のあと、こづゆを注文すると、「夏なので、今日は鯨汁を作りました」と大ぶりの椀を運んできた。塩鯨のダシで、大根、人参、茄子《なす》、玉葱《たまねぎ》を煮た汁だ。ひと口すすり、たまらず二口、三口。そのうまさに感嘆した。以前、夏野菜に塩鯨がコクのある旨味《うまみ》を含ませ、鯨独特の香りが品よく立ちのぼる。以前、夏の新潟で食べた鯨汁は味噌《みそ》汁で、具に必ず夕顔を入れるときいたが、会津のは醬油《しょうゆ》のすまし汁で玉葱がとてもよく合う。私はこの時テレビ番組の取材で、ひと口味わって感想を言う段取りだったのに、「うまい」と言ったきり何もかも忘れ、大きな一椀を黙々と食べきりカメラマンをあわてさせた。

また麦とろの「ニシンの山椒漬《さんしょうづけ》」にもおどろかされた。割合ポピュラーな郷土料理がこれほどの洗練をもつのに大げさでなく絶句してしまった。最上等の身欠きニシンを最上等の酢で一晩漬け、その酢は全部捨て、さらに新しい酢、醬油、たっぷりの新鮮な山椒葉で一週間漬けこむ。

私の絶賛に半ズボンにランニングシャツの主人は団扇《うちわ》を使いながら満足気に笑った。これればかりは一軒一軒、味が全く異なり、ともかく最上の材料を惜しげなく、よく面倒をみて加減するしかないと言う。

「春、山に入って山椒の葉をどっさり採ってくるのがまた楽しいんですよ」

山好きの主人はまた、松茸狩りの名人なのだそうだ。これだけのものは滅多に食べられないという思いがし、私は三人前盛りくらいのを二皿も平らげてしまった。

翌日、秋田にまわり居酒屋「酒盃《しゅはい》」に入り、再び塩鯨を肴《さかな》に盃を傾けた。こちらは小鍋立《こなべだて》の「鯨と茄子の貝焼」で、ホタテ貝殻を鍋に、塩鯨、茄子、青葱をしょっつる（魚醤《ぎょしょう》）で煮る。煮えてくると黒皮を残した塩鯨と茄子が同じに見えておもしろい。ダシが出るというホタテ貝殻の小さな中にふつふつと湯気をあげるのを肴に、気に入りの秋田名酒「美酒の設計」の冷やしたのが素晴らしくおいしい。

前に来たときは品書になかった「白魚と蓴菜《じゅんさい》の貝焼」は、同じくホタテ貝殻に、大ぶりの白魚と淡緑の蓴菜が美しい。日本一といわれる秋田蓴菜のぬるぬるすべるのをようやく箸《はし》でつまみ上げると、透明な膜がたっぷりと緑の芽（？）をおおい、白魚のあっさりした魚の味と、青くさく小苦い蓴菜の取り合わせは、「風流」という言葉がぴったりだった。

小鍋を夏のスタミナ源にするのは、四国松山の居酒屋「由利」の「どじょう汁」でも味わった。ここは毎年六月十五日から十月までどじょう汁を出す。味噌仕立に丸どじょう、小芋、牛蒡《ごぼう》、青じそ、葱、茄子、そしてそうめんを必ず入れる。

東京根津の居酒屋「はるか」も、夏の数日どじょう汁を出す。やはり主人が子供の頃から食べていたもので、「夏、これがないとなんだか夏の気がしなくて、自分の懐《なつ》かしさのためですよ」と、笑っていた。

塩鯨は今や高価なものになったが、暑い夏をしのぐための庶民の郷土料理の奥深さを、会津、秋田の居酒屋で味わった。

町から町へ　焼津《やいづ》

静岡へ行った折、すこし寄り道して念願の焼津の居酒屋「寿屋」に入った。以前知人から教わり、機会を待っていた店だ。

仕事を終え焼津の駅に着いたのは夜の九時。駅前に繁華街らしいものはなく、暗闇《くらやみ》の道をタクシーで十分ほど走り左へ折れると、どこの家も閉めきったひと気のない通りに一軒だけ、開け放たれた玄関から明かりが外へもれていた。赤提灯《ちょうちん》に丸い唐傘をかけている。街道に面して間口二間ばかりの出《だ》し桁《げた》作り、典型的な昔の商家の木造二階家だ。一階が店、二階に住む。

奥に長い商家の踏みしめられた三和土《たたき》の光沢がいい。すぐ右に台所、左は壁に腰掛をつけ、間に畳一畳ほどの長机が奥へ二脚並ぶ。その先は通路の三和土に沿って畳敷の部屋が続き、戸障子をとり払い小卓が置かれる。

目をひくのは入口にデンと置かれた木製の大型氷冷蔵庫だ。ぶ厚い真鍮《しんちゅう》の蝶番《ちょうつがい》やハンドルは頑丈そのもの。天井の白い碍子《がいし》に電線が伝わり、昔の白ガラス傘に裸電球が下がる。あらゆるものが戦前から何も変わっていないようだ。

台所との仕切りカウンターには生魚の入ったホーローのバットが並ぶ。魚は太刀魚、鰹《かつお》、鰺《あじ》、赤ムツ、イカ、それに鮪《まぐろ》のカマがいくつか。

ビールを頼み、「魚どうしましょう」ときかれた。壁の品書き板は魚の名前が書かれているばかりで、この店は作りおきの料理はなく、生魚を好みに調理するようだ。

「えーと、刺身になるのは何か」

「全部、刺身にできます。今日は鰹なんかいいですよ」

「じゃ、鰹。それと鰺」

「鰺は酢〆《すじめ》、刺身」

「んー……、両方」

「はい、わかりました」

ビールが届き、開ける栓抜きが大変な逸物だった。王冠を抜く厚い金属部に鳶職《とびしょく》の手鉤《てかぎ》のような木の丸棒がついて、全長およそ一尺。金属部と木部の接《つ》ぎ目もしっかり堅牢《けんろう》につくられ、これほど立派な栓抜きは見たことがない。戦前、清酒の「杉錦《すぎにしき》」からもらったそうだ。

「こんなに抜きやすいのはないです。これがないと商売になりません」

借りて握ってみた。少なくとも五十年以上使い続けている栓抜きは全くガタもなく、使いこんだ道具の風格をたたえ、ビールを一本抜いてみたくなった。

厚切りの鰹刺身はほどよく脂《あぶら》がのり、生ぐさ味がなくおいしい。鯵はバットに並ぶ二枚おろしにしたものをまず酢〆し、新たに刺身用に大ぶり一尾を捌《さば》きはじめた。

この、注文してからつくる鯵酢が目を丸くするほどおいしく、すぐにビールを酒にかえた。刺身のツマは玉葱《たまねぎ》スライスだ。

「うちは昔から玉葱なんですよ」

店は中年の主人と涼しげな品のお婆《ばあ》さんの二人。お母さんと息子さんで、ご主人は亡《な》くなられたそうだ。

寿屋は戦前は酒屋だったがその頃から店先で飲ませ、昔は机に塩カズノコを山のように並べ、無料サービスの肴《さかな》にしていたそうだ。新しもの好きの先代ご主人は、静岡ではじめて生ビールを出しハイカラ人士に評判を呼んだという。静岡の酒問屋から便利屋がビール樽《だる》を背負い運んでいたそうだ。氷冷蔵庫も戦前のもので、氷代が月に七万円かかるという。

「でも魚は氷ですよ。ビールだってひと味ちがいます」

そういえば、グーッと飲んだビールのうまかったこと。

焼魚にと注文した太刀魚と鮪のカマは、開け放った玄関先の通りに置いた丸椅子《まるいす》に七輪をのせ、そこで炭火焼にする。まっ赤になった炭を手付き火おこしでお母さんが運んできた。

「あら、まだ熾《おき》が残ってたわ。まぁいいわね」

魚の脂が炭火に落ち、煙を上げ、前かけのお母さんが団扇《うちわ》であおぐ。なんとも懐《なつ》かしい軒先の光景だ。これで焼いた魚がうまくないわけがない。

この通りは今は商店らしきものもないが、戦前は観音様があったため浅草通りとよばれ、カフェーや料理屋、洋食、居酒屋で大変賑《にぎ》わった。

「昭和三十年頃までですかね。夕方ともなると芸者衆が五人、十人と往来をゆき、箱屋があとをついていきましたよ」

遠洋漁業の港・焼津は、最盛期には一乗船で大金を手にする船乗員や、その船主、また漁業水産会社などの派手な宴会が毎日のように続いたという。

棚に並ぶ酒桶が当時を物語る。額入り清酒美人画ポスターの、島田髪に着物姿で盃《さかずき》を持つ指先が色っぽい。座敷やカウンターに置かれた秋の野花がお母さんの心ばえをしのばせる。

初秋の静かな夜の町。何もかも戦前とかわらない店先で傾ける酒は、ことのほか腹にしみわたる。宝物のような居酒屋だった。

町から町へ　京都

晩秋の京都を訪ね、西陣の大衆居酒屋「神馬」に入った。昭和九年から続くという大変古い店だ。それ以前から表の通りに馬をつながせ馬方に酒を出していたそうだ。

店は通りに面し、二階白壁に鏝《こて》文字で大きく「銘酒神馬」と入る。一階ガラリ戸を開けた中は、間口せまく奥に長い町家の造りだ。大きめコの字カウンターの片方は奥へ延び、途中でいったん切って、下に水のない泉池をしつらえ、そこに朱塗りの小さな太鼓橋がかかる。昔ここに弁天様があり、店をひろげるため奥へ遷座《せんざ》したが、その後を足で踏むのは恐れ多いと、こうして橋懸かりにしたそうだ。いかにも商売を大切にする古い店らしい。それではと奥へいき、祀《まつ》られた弁天様を拝んできた。古びた店内は、あちこちに戦前とおぼしき古風な細工が残り、京の都らしい艶冶《えんや》な味わいもある。

注文の酒をアカ（銅）の燗付器《かんつけき》で温めてくれた。チロリが一度に十二本入る十二穴の大型で、この店の繁昌《はんじょう》がわかる。この燗付器は二代目、それもすでに三十年を経た。一代目は毎日拭《ふ》くうち銅が薄くなり心もとなかったので、今のは思いきって厚くしたそうだ。

やわらかく湯気をのぼらせるおでんの長方形の舟もやはり銅。こちらは内側に錫《すず》を張ってある。鍋《なべ》の温度を均一に保つには錫が一番よいが減りも激しく、二年に一度塗りかえ、今年は職人が替わり、四回やり直させたそうだ。

舟の中は、豆腐、コロ、他のおでん種、の三室に仕切られ、よく味のしみた豆腐はたいへんきめ細かくとてもおいしい。今日は主人が休みで、おでんしかなくてと恐縮するおかみさんと話がはずんだ。

ずっと店に立ち、先年、九十六歳で亡《な》くなられた母とみさんは、この界隈《かいわい》ではよく知られた気《き》っ風《ぷ》のよい人だったそうだ。こんな逸話を話してくれた。

ヤクザ者が、金がないためか飲み終えた酒に「一合入っていない」と因縁をつけると、黙ってもう一杯注いでから、「あんた、計ったんか」と睨《にら》み返した。新任の警察署長を案内した部下たちが奥に席をとり、一人がそう伝えると「それがどうした」と答え、並み居る客の溜飲《りゅういん》を下げさせた。

ある時、金のないチンピラヤクザが演芸場の切符を買ってくれと持ってきた。母は、

「あと何枚あるんか」「十枚」「ほな全部もらう」と買ってやり、代金を渡してから「見に行かんから、これはあんたにやる」と、そっくり切符を返し、以後チンピラは頭が上がらなくなったという。また、店の前を行きつ戻りつ迷っている懐《ふところ》の心配そうな男を「さあ入り」と招き入れ、客を詰めさせ席をつくり、大まけにサービスして飲ませた。どんな客も平等に扱う気っ風は一目も二目も置かれていたそうだ。

周囲の浅い棚には先代主人のあつめた徳利がずらりと並んでいる。何々焼とか陶芸家先生の作品ではなく、全国各地の土産物や酒蔵からのもらい物ばかりで、見ていてとても楽しい。

その中にたいへんユニークな品があった。言葉では説明しにくいが、薄い錫でできた、直径四センチ高さ十三センチほどの筒が二本並んでつながり、片方に酒を入れると、炭火を入れた隣の筒の外側をまわって温まり、注ぎ口から出てくる仕掛だ。炭火筒には下に火力調節の窓までつく。

凝った仕組みに感嘆し、粋《いき》な遊び心にとても愉快な気持になった。細かな部分もたいへん精巧に作られ、こんなものだからこそ面白がって技をつくす職人の心意気にあふれている。さすが昔の酒飲みは、する事が洒落《しゃれ》ている。

「古いものですが、父は酒を飲まなかったので、使うところは見てないんですよ」

しきりに感心する私におかみさんが笑った。

置かれた京都新聞の記事「千本の名物酒場」によると、神馬は、フランス文学者・伊吹武彦《いぶきたけひこ》や、詩人T・S・エリオットの研究者・深瀬基寛《もとひろ》、また画家・山口華楊《かよう》らがよく訪れた。学問の町・京都は学者が気軽に居酒屋へ足を運び、おおいに談を愉《たの》しむ気風があるときき、私はそれをうらやましく思っていた。

常連客の中で私が心うばわれたのは画家・甲斐荘楠音《かいのしょうただおと》だ。近年再評価されていることの画家は、私には巨匠・溝口健二監督の風俗考証者として忘れられぬ名だ。

「甲斐荘先生はいつもひょこひょこと入ってきて、あそこへ座られはりました」

やはり古い店はいい。私は盃を手に、しばらくその席を眺めていた。

町から町へ　釧路《くしろ》

真冬の釧路で一、二軒はしごし、最後に初めての居酒屋「しらかば」に入った。北海道の居酒屋は基本的に居炉裏の火を囲む炉ばた焼だ。寒いこの土地では火の見えることが一番のもてなしになる。この店は広いカウンターの中で立ったまま仕事のできる高い居炉裏だ。最初の店で焼魚やおでんは食べ終え、何を注文したものか思案していると着物の女将《おかみ》が声をかけた。

「しらかば団子、どう？　うちの名物」

団子かぁ。

「どういうもの？」

「かぼちゃ、おいしいわよ」

かぼちゃかぁ。

あまり気のりしないがお願いした。オープンな女将は気《き》っ風《ぷ》がよさそうだ。釧路唯《ゆい》一《いっ》の地酒「福司《ふくつかさ》」はさらりと飲みやすい。

「はいどうぞ」

黄色に茶色の焦《こ》げ目をつけた大ぶりの団子が湯気を上げとどいた。口でほこほこさせ嚙《か》みしめるともっちりと重く、奥深い甘味が凝縮しかぼちゃの香りがお日さまのようだ。飲んだあとの汁粉や小豆の甘味はおいしく、これは野菜の甘味で安心感がある。

「……これはうまいねー」

「でしょう、アハハ」

女将の豪快な笑いに店のおばさん二人も笑った。

「頼んでよかったでしょう」

「ウン、ウン」

もう一個おかわりしたいくらいだ。甘いもののあとにいいですよと出された白菜糀漬《こうじづけ》がおいしい。

「ニシン漬じゃないの?」

「ニシン漬は漬けたばかり。今年は温かでまだ味が出ないのよ」

かつてあり余るほどとれたニシンを使ったニシン漬は冬の北海道の大切なお惣菜《そうざい》だ。ホッケ、ニシン、キンキなど炉ばた焼の魚は大体、干物だ。干物もまた長い冬をささえる大切なたんぱく源なのだろう。冬にそなえる。北海道の人はいつもこの事が頭にあるのかもしれない。

あれこれ話すうち珍しいものを教わった。

「イカ塩辛の新聞紙焼、って知ってる」

「?」

いぶかしげな私に「ようし、久しぶりにやったげる」と、奥から新聞を持ってきて「最近の新聞紙じゃどうだか」と言いながら、十センチ四方位に破いた。切ってはダメ、破るのがコツと言う。それを居炉裏の火の弱そうな所へ置き、イカ塩辛を一盛りのせた。紙が燃えてしまわないかと思うが案外大丈夫だ。

やがて紙の両側をつまみ私の前に置いた。新聞紙は塩辛の脂気《あぶらけ》と水気がしみわたって茶色に焦げ、塩辛は形がなくなりドロリとして湯気を上げる。おそるおそる一箸《はし》つまんだ。

予想した生臭いイカ塩辛の味は一変し、溶けたチーズのようだ。塩気は減り、かすかな印刷インキの焦げ香が不思議な風味になっている。どこかメフン(北海道名物の鮭《さけ》の腸の塩辛)のコク、またウルカ(鮎《あゆ》のワタ塩辛)のような苦味もして、なかなかいける。目を丸くする私に女将は再び笑った。

「これはね……」

北海道はどこの家もダルマストーブがあり、またイカの塩辛は甕《かめ》いっぱい作り置きしてある。昔、まだアルミホイルなどない頃、誰かが塩辛を焼いてみようと思いつき、直《じか》にストーブにのせられないので、かたわらの新聞紙をちぎって敷いたところ珍味にかわり、そうするようになったそうだ。広告ビラなどの上等な印刷物ではこの味にならず新聞紙に限るという。何とも剛毅《ごうき》な、またワビしいともいえる珍味だ。

北海道ではゆでたじゃが芋に塩辛をのせて食べる。私はこれが苦手だと話すと女将が言った。

「北海道は貧しく、冬も厳しく、どこの家もおかずはイカの塩辛しかなかったのよ」

戦争をはさんで米はなくなり、主食はじゃが芋になり、おかずは変わらず塩辛なので、じゃが芋にのせて食べた。戦後、バターやマーガリンが手に入り、それをのせるとこんなにおいしいものがあるのかと思った。炉ばた焼の定番となったじゃがバターだが、それでも時々、塩辛をのせたくなるのだそうだ。

私は、ゆでたじゃが芋に塩辛をのせるセンスのなさを笑ったことを恥じた。

厳しい冬の北海道。ストーブに新聞紙をちぎってイカ塩辛をのせ、茶碗《ちゃわん》酒を飲む光景を想像し、もう一箸を口に入れた。

町から町へ　富山

冬の富山で居酒屋「真酒亭」に入った。ビル二階の店構えは目立たないが、主人の一本通った好みにより選ばれた、全国の優れた日本酒を出す銘酒居酒屋だ。私は三度目。今回は富山の酒を飲むのを目的にやってきた。

「富山の酒で何かおすすめを」

「わかりました、どのくらい飲みますか？」

これはよい質問だ。その人の飲む量により、供する酒の種類とそれぞれの量を組み立てるのだろう。飲んでみたい銘柄はあるけれど、ひとまずおまかせにしてみよう。

「えーと、二合半から三合くらい。最後は燗酒《かんざけ》にしてください」

「わかりました。県外のお客様にはいつもこうしているんですが、五種類ほどお出ししましょう」

初めに十二、三度くらいの低アルコール酒がひと口だされてから、本格的な酒になった。

「いちがいもん、です」

いちがいもんは、一刻者というほどの富山の言葉で、この店ではその名にふさわしい酒をそう呼んでいる。端正なしっかりしたキレのよい酒だ。

「これは何という酒ですか？」

「北洋の純米吟醸です」

飲みたいと思っていた酒にもう当たった。次の「勝駒《かちこま》」は爽《さわ》やかな中にもう一つコクがある。これも頼もうと思っていた銘柄だ。一杯の量は少なく酔わないうちに次にすすめ、味の差が良くわかる。

「みゃあらくもん、です」

みゃあらくもん、とは道楽者のこと。損得抜きに贅《ぜい》を凝らす意もある。爽やかな口当たりの中に旨味《うまみ》がたっぷりのり大変おいしい。

「これは立派な酒ですね、何ですか？」

「満寿泉《ますいずみ》です」

かねがね主人が富山の酒の代表と言っている品だ。さっぱりとキレのよいものから、次第に旨味ののった酒に順序を設定したのだろう。

「富山の酒はなかなかいいですね。全体にきれいだな。コクがあってきれい。水がいいという感じかな」

「そうなんです。雪の黒部の伏流水が富山の酒の命ですよ」

私の素人《しろうと》解釈にうまく話を合わせてくれ気分が良い。

そして最後に出された燗酒を何気なく含み、盃《さかずき》を手放せなくなった。

私は最近すっかり燗酒党になり、燗をしておいしい酒を探している。この酒はひと口で「お、これは」と気づかせ、意識を集中させた二口目で「こんなうまい燗酒は初めてだ」とわかり、すぐ続けた三口目で「格が違う」と、驚きに変わった。

絹のような燗酒と言おうか。燗をした酒は柔らかくなるものだが、この柔らかさはただ軽いのではなく、何というか、軽い繊維がみっしりと織り上げられたような、軽くて重いとでも言いたい滑らかな高級感がある。

重いと感じるのは口当たりではなく、柔らかいのに酒の旨味をしっかり持っているからだろう。といってトロリと濃厚ではなくあくまでさらりと清々《すがすが》しく、エレガントな艶《つや》をたたえている。目を見張る私に主人は満足そうに笑った。

その酒は「富美菊」といった。もちろん富山の酒だ。私はその入手方法を主人に尋ね、東京に帰り、教わった富山の〈てらしま酒店〉に早速注文し、程なく届いた一升瓶をその夜、開けた。「杜氏《とうじ》　横山健次」と大書された純米酒だ。慎重に燗をして含んだ味は、まぎれもなく富山で飲んだ時と変わらず、うなった。

うまいなあ、ともう一度ラベルを眺めると「アルコール分十八度以上十九度未満」とあり原酒だ。軽やかな品はまさか原酒とは思っていなかった。柔らかな中にしっかり日本酒のコクを持っているのはこのためだろう。さればと、そのまま常温で飲んでみた。

その味は燗とは全く異なり、角のしっかり整った、人を寄せ付けないような凝縮した強い性格を感じる。それが温めることによりこれほどまでに柔らかくなり、近寄りがたい強さはおだやかな気品に変わる。まさに燗をして花開く酒だ。

居酒屋で、それも酒に一家言ある銘酒居酒屋で燗酒を頼む客はあまりいない。私の注文に自信たっぷりにうなずいた真酒亭主人の顔が浮かんだ。「どうです」と今いわれているようだ。素直に恐れ入りましたと答えよう。

はるばる出かけた北国で素晴らしい酒を見つけた。

町から町へ　東日暮里

名著『下町酒場巡礼』には、魅力ある東京の古い居酒屋がいくつも紹介されている。その中の一つ、東日暮里の「遠太」に行った。

都電荒川線終点・三ノ輪橋から歩いて約五分。桜並木の通りに「やってるぞ　遠太」の看板を見つけた。あたりは賑《にぎ》やかでもなく、寂れてもおらず、どこか一時代を終えたような静かな気配だ。重厚なガラス戸を引くと古い昔のままの居酒屋があった。

高い天井は組木の格天井《ごうてんじょう》だ。右は鋭角に折れたカウンター、左は広々した畳敷きの小上がり、長年踏み固められた三和土《たたき》がひんやりと年期を感じさせ、きちんとしたものを残しながら年代を経てきた風格の落ちつきがある。仕事帰りらしいネクタイの男が一人、何をするでもなくサワーのようなものをカウンターに置き、ぼんやり座っている。こういう酒場は良い酒場だ。

小鯛《こだい》てんぷら五百円　はまぐり吸物二百五十円　貝柱おろしあえ三百五十円……。

お惣菜《そうざい》中心の品書きの中に小粋《こいき》な品がある。生ビールを頼み、まずは一息ついた。

座っている空間の、時間の止まったような空気がいい。外の通りは物音ひとつせず、東京にまだこんな静かな夜があったのかと思う。注文したねぎま鍋《なべ》は珍しく塩味で、マグロの脂《あぶら》がうっすら浮いて大変おいしい。

店の名は「えんた」と読む。遠いところから来た私には実感のある名だ。主人は戦前、酒屋「遠太」で働き、のれん分けでこの名をもらい、その後居酒屋を始めた。この建物は昭和三十二年、縁戚《えんせき》の宮大工の仕事という。全体にきちんと、またがっちりと造られているのが素人《しろうと》にも分かり、窓や腰板の細工がいい。小上がりの大きな窓を開けると外の風がはいって来て、夏などさぞ気持ち良いだろう。表の正庭《まさにわ》通りは吉原《よしわら》に通じ、かつては大変に賑わったのだそうだ。

「色気の遊びでしょう。男はそりゃ、一杯ひっかけていきますよ」

江戸前の粋を感じるご主人と、気さくな中にきりりとした品のある奥さんの笑顔がいい。

ビールの後に、遠太特製焼酎《しょうちゅう》ハイボールを注文すると、カウンターの一人客が私を見てにやりとした。彼の飲んでいるのはこれらしい。ひと口飲み、私が「ほう」と言って顔を向けると、まだ私を見ていた彼はもう一度にっこりした。

世田谷で仕事をしているというその人は、夜、東京を横断するようにここに帰ってきて、心からほっとするそうだ。帰り際《ぎわ》に渋谷や新宿で飲んでも、もうひとつまだ向こうにいる気がする。

「ここまでついてくるやつは居ませんよ」

四谷も銀座も上野も振り捨ててここまで来て、ようやく自分だけの世界に浸るのが日課なのだそうだ。

それは居酒屋の本質をよく示している。居酒屋は親しい友と酒を酌《く》み交わす場であり、また小さな宴会の場でもあるが、まず第一に一人で酒をのみに入るところ、一日の仕事を終え、誰かを誘うわけでもなくぶらりとはいる日常的な場だ。古く、またあまり混みそうもない静かなこの店は、そういう目的にまことにふさわしい。そこで自分に帰り、他人にまみれた一日の疲れをいやす。

古い建物のまま何十年と続いている居酒屋には、どこか地霊のようなものを感じる時がある。霊といっても怖い方ではなく、土地に守られている安心感だ。それが気を休ませるのかもしれない。

焼酎ハイボールがうまい。壁に並ぶ品書きのほうれんそうは「おひたし」ではなく「おしたし」だ。カウンターに置いた肘《ひじ》にあごをのせ、時々グラスを口に運びながら、昔の東京の居酒屋はこんなだったのだろうな、という想《おも》いにふけった。

数日後、知り合いの映画プロデューサーから手紙が来た。その前に新作映画の撮影で古い居酒屋を深しているんだがと相談を持ちかけられ、『下町酒場巡礼』を紹介したところ、本の中の店を歩き、遠太に決めたことが書かれていた。第一作が海外で受賞した実力監督の二作目で、主演は私も大ファンのスター、三橋達也《たつや》氏ときいている。

遠太ならプロデューサーの言っていた注文にぴったりだ。あの店で、男の渋さを加えた三橋達也氏が、盃を傾ける場面があるかもしれないと思うとわくわくする。

楽しみが一つ増えた。

町から町へ　湘南《しょうなん》

初夏の湘南に出かけ、うまい酒の肴《さかな》をみつけた。

鎌倉から江の電に乗り、腰越で降りて海の方へ十分ほど歩き、昼飯に「しらすや」という店に入った。私の大好物のシラスはこのあたりの名物。表の品書きに「本日、生シラスあります」と書かれているのを目ざとく見つけたのだ。生のシラスは大変足が速く、漁のある漁港でしか食べられない。その「生シラス丼《どん》」がお目当てだ。

昼飯とはいうものの、のんびりした昼下がり、まずはビールだ。御当地の地ビール・鎌倉ビールはノーブルなコクを持ちなかなかおいしい。何かつまみをと見た黒板にシラスの産地らしくタタミイワシがある。そのとなりのノリタタミは、今の季節だけ採れる新海苔《のり》をシラスと一緒にタタミに干したものという。

程なく届いたノリタタミは、白い大ぶりのシラスに、緑鮮やかな新海苔が粗く漉《す》き込まれたいへん美しい。焙《あぶ》るというよりは湿気を飛ばす程度に火にかざされたのをそのまま口に入れると、軽くばりばり砕け口中に磯《いそ》の香りがひろがり、タタミイワシの乾いた味に新海苔の風味が爽快だ。

「これもそろそろおしまいなんですよ」

もうしばらくすると海苔が硬くなってしまうそうだ。

黒板の「イカタタミ」はホタルイカほどの小イカを足や胴の絡《から》み合うまま寄せ集め、タタミに干したもので、ワタのむっちりしたコクがこれまたビールによく合う。昼間からよい機嫌になり、ようやく昼飯にして生シラス丼を注文、さらにシラスのかき揚げをつけた。

塩で食べる揚げ立てのかき揚げは、緑の野菜が混ぜ込まれ色合い美しく、風味と噛《か》み心地を加えている。生シラス丼は酢飯に大ぶりの生シラスがこれでもかというほど山盛りされ、おろし生姜《しょうが》と刻み紫蘇葉《しそば》がのる。醬油《しょうゆ》をタラーリと回して無我夢中でかき込んだ。

しらすやは腰越港に漁船を持つ網元がやっている店だ。港に売店があると聞き、腹ごなしに歩いた。

小さな港の午後は船も帰ってきてのんびりし、タオルはち巻きにくわえ煙草《たばこ》の老人が網の手入れをしている。脇《わき》の小さな物置小屋のようなところが売店らしい。

「いま、しらすやで食べてきたんですよ」

「あらそう、おいしかったでしょ」

店番はゴム前掛けのお姉さんだ。天日干しじゃこの横の竹ざるにこんもりと草の葉がちぎってある。何気なく手に取り香りをかいだ。

「これ、ヨモギ？」

「そうよ、シラスのかき揚げに入れるの」

さっきのかき揚げの緑野菜はヨモギだった。ヨモギが単調になりそうなシラスかき揚げに風味を付けていたのだ。土産に釜揚《かまあ》げシラスとノリタタミを買った。

湘南での仕事を終え、帰りに夜の横浜に寄った。今日は祝い事がある。

横浜野毛のバー「パパジョン」は昭和五十六年の開店以来一日も休まず、明日の五月二十八日に連続営業七千日めを迎える。立派な白のカイゼル髭《ひげ》のマスター・島村さんのファンとしては、この偉業達成に駆けつけないわけにはいかない。明日は混むだろうから六千九百九十九日めの今日、前夜祭だ。

「あと一日ですね、おめでとう。これ、湘南のおみやげ」

「ほほう、なに？」

「ノリタタミといってね……」

受け売りの説明に顔をほころばせてくれる。

「花束って柄でもないでしょ」

「そんなことないよー、俺だって花束の一つや二つ」

「シツレイしました！」

やりとりを聞いていた客が笑う。

大規模に変貌《へんぼう》を続ける港町横浜も、野毛は昭和三十年代の雰囲気を残しファンが多い。パパジョンはその野毛のシンボル的存在で、カウンターを囲み、マスターとの話を目当てにいろんな人が集まってくる。今夜もよくテレビで見かける人がいる。客の一人が声を出した。

「マスター、さっきのタタミイワシ出してよ」

「だーめだよ、あれは俺の楽しみ」

私を見てニヤリとウインクし、再び皆が声を上げて笑った。

町から町へ　八戸《はちのへ》・盛岡

青森県八戸の居酒屋「ばんや」を知ってもう十数年になる。今回も開店早々になじみのカウンターに腰を下ろした。

この店は南部地方の郷土料理のいろいろが魅力だ。茄子《なす》といんげんを煮たもの、タラコの煮物、茗荷《みょうが》と茸《きのこ》の和《あ》え物。奥の台所から湯気をあげる大皿が届くと片端から欲しくなる。出来立てのまだ温かいイカのワタ和えが素晴らしくおいしい。

料理の名を尋ねても「いや、そんなものないですよ」と笑われる。みな昔から食べているものばかり。限られた保存食材で長い冬をこさねばならぬため、いろいろ料理を工夫するのだそうだ。唐辛子、麴《こうじ》、醬油《しょうゆ》、各一升をまぜて寝かしたこの地方独特の調味料「南部一升漬」はぴりりと辛く、これも冬、体を暖めるためなのかもしれない。

ここはまた酒の品ぞろえも大変良い。いつも最初は八戸の地酒「菊駒《きくこま》」にするが今日は菊駒をつくる蔵の新製品「十《とう》」をすすめられた。現代風にすっきりしているがどこかどっしりと腰の据わった東北奥地の酒だ。

「私は、日本酒はあまり上品にうますぎてはつまらないと思うんですよ」

この言葉に納得だ。東京の美大を出て詩も書くご主人は私と歳《とし》が近く、当時の東京の文化風俗に話が合う。先日、東京小田急デパートで人形作家・四谷シモンの回顧展を見たというと、懐《なつ》かしそうな目をした。

「シモンさんはこの席で飲みました。種村季弘《すえひろ》先生とご一緒で」

これは嬉《うれ》しい話だ。私は種村先生ご専門のドイツ文学はさっぱりだが、洒脱《しゃだつ》なエッセイや評論は昔からの愛読者だ。ばんやには時々訪れるらしい。昔、今は亡《な》き映画監督・浦山桐郎《きりお》氏も来て、飲みすぎて後ろに倒れたと聞き、監督の酒豪を知る私は笑ったものだった。とはいえこの店には色紙のたぐいは何もない。そういうエピソードも用意していたわけではなく、別のことを話していてたまたま出てきただけだ。秋の夜、おいしい料理と話にまたまた飲みすぎてしまった。

八戸は東北の奥深い静かな町のイメージがあるが、実際は市内ほとんどの交差点から一日中けたたましい宣伝放送が流れ、やかましいことこの上ない。交差点では信号の変わるたびに流れるメロディーも重なり隣の人と話もできない。母に背負われた子供が耳を手で塞《ふさ》いでいる。町を賑《にぎ》やかにしているつもりだろうが、実際はあまりにうるさいため人々は通りに出るのをやめているようだ。無人の町に宣伝放送だけが流れているのはむなしい光景だ。静かな町にしたほうがどれだけ人が出てくることかといつも思う。

翌日盛岡に行った。盛岡は山と川の町だ。そろそろ鮭《さけ》の上がってくる中津川の静かな橋に立つと、深まりゆく秋をしみじみと実感する。盛岡は懐《ふところ》の深い町で、繁華街の大通り周辺よりも中津川を渡った盛岡八幡宮《はちまんぐう》の門前町である八幡町に風情《ふぜい》がある。その入口あたりの居酒屋「とらや」に入った。五十年近く続く大変古い店だ。鉤《かぎ》の手に折れる大きなカウンターは、開店五時には地元の親父《おやじ》さんがすでに何人も張り付き、勤めを終え一目散に来たらしい会社員風も混じる。

ほとんどの客が注文している「豆腐　二百円」は出し汁で温めた豆腐に山のように花かつおをかけ、さらに葱《ねぎ》をたっぷり乗せたもので大変おいしい。隠しに一味唐辛子の粉を振ってあるのがいい。

客の話題はきのこと芋の子汁だ。「まだ早いっぺや」土地の言葉が心を和ませる。これも注文の多い、大きな青唐辛子の天ぷら「なんばん天」を私も頼んだ。一人前十本ほどだ。

「甘いの辛いのありますがどうしますか」

「うーん、半々」

「辛いのは三本にしとけ」

台所から声が飛び、その通りにした。シシトウより大きく、京都では万願寺とよぶ青唐辛子はきりりとした辛みにほのかな甘味がふくまれまことに爽《さわ》やかな味だ。

「こっちは辛いほうだから間違えないでね」

指された方を恐る恐る一センチほどかじった。辛いが、我慢できるのを確認して嚙《か》みくだした。その後口の中が火を噴いた。

「か、……辛い」

「ウアッハッハッハ」

私に注目していた客がどっと笑った。

「ぜーんぶ食えるやんすべ」

「無理せんと残しといて」

おかみさんも笑う。地元の客の通う地元の居酒屋の、なごやかな雰囲気に私はとけ込んでいた。

映画の居酒屋を歩く

日本映画には居酒屋がよく出てくる。居酒屋好きの私はその場面になると身をのり出し中へとびこみたくなる。映画の中の居酒屋で一杯やってみたい。私はわずかの金を握りしめ夜の東京銀幕へ迷い出た。

居酒屋で酒を飲む姿が最もキマる俳優といえば市川雷蔵だ。とりわけ眠狂四郎。背すじあくまでぴんと伸ばし、中指と親指で大ぶり白磁の盃《さかずき》をはさみ、ゆっくりと口に持ってゆき、親指の脇《わき》からそのまま後ろへ背を倒すようにツイーと飲む。猫背で盃に口をつき出す貧乏くさい飲み方とは違い、あくまで端然とした姿を崩さない。私もひそかに真似《まね》ている。

ここ根岸の「鍵屋《かぎや》」は創業安政年間の酒屋で立ち飲みもやっていたというから、近くの吉原《よしわら》裏、投げ込み寺の浄閑寺を住処《すみか》とする狂四郎も立ち寄ったとおおいに考えられる。この際コマカイ時代考証は無視。映画はフィクションだ。

表通りから一歩入ると小体《こてい》な二階建て一軒家がぽつりと立ち、「酒　鍵屋」ののれんが下がるガラリ戸を開ければそこはまさに江戸の居酒屋だ。酒は柄つきの一合枡《ます》で律義《りちぎ》に計られ、古風な銅の燗付器《かんつけき》で温められる。小さな板の品書には、煮奴《にやっこ》、大根おろし、かまぼこなどの渋い肴《さかな》が並ぶ。

狂四郎の注文の仕方はいつも「酒、肴はみつくろって」。私もそれでゆくつもりだったがちょっと恥ずかしく「酒に、くりから焼と冷奴。あ、それとタタミイワシもね」と格好悪かった。

酒は「櫻正宗《さくらまさむね》」。「正宗」の銘をはじめて用いたこの灘《なだ》の酒蔵は享保《きょうほう》二年の創業だ。名刀正宗の冴《さ》えにあやかってつけたこの名は人気となり、全国にいろんな○○正宗を生んだ。狂四郎も櫻正宗を好んだだろうか。狂四郎の腰のものはご存知「無想正宗」。剣は円月殺法。妖刀《ようとう》が地からゆっくりと円を描きはじめると、その円環を最後まで見届けた者はいないという。

シリーズ中屈指の傑作『眠狂四郎無頼剣』（昭和四十一年　三隅研次監督）では大江戸を火の海にせんとする義賊・愛染（天知茂　この人も酒の飲み方がうまい。但《ただ》し暗い）と狂四郎が、燃え上がる江戸の町と鳴りわたる半鐘を背に大屋根の上で対決する。

私は一人、盃を傾ける狂四郎に近寄った。

「へっへへ、センセイあっしは黄表紙に戯《ざ》れ文を書く太田屋和兵衛《かずべえ》と申しやす。ま、一献」

「……理由《わけ》もなく酒をすすめる輩《やから》は腹に何かあると決まっておる」

「そ、そうおっしゃられちゃあ」

「……まあよい、注げ。何か用か」

「へい、ひとつあっしの筆でセンセイの好きな酒をうかがいたいと思いやして……」

「……酒は気狂い水。飲む人間で薬にもなれば毒にもなる。オレのような……」

おっとと。私は妄想にふけり一人で会話していた。狂四郎シリーズの魅力の一つが朗々たる口跡《こうせき》で吐くニヒルな名台詞《めいぜりふ》。頼まれもしない『眠狂四郎酔生剣』のシナリオ創作から我れに返った。

江戸の居酒屋の雰囲気を残すこの鍵屋は、以前の場所が鍵屋横丁といいこの名になったそうだ。もう少し居たいが狂四郎は長尻《ながっちり》はしない。私もぼちぼちみこしをあげよう。

時代は下って明治。故郷三州吉良《きら》港より青雲の志を抱いて青成瓢吉《あおなりひょうきち》は早稲田《わせだ》大学へ入り、人生という劇場を歩みはじめる。尾崎士郎の小説『人生劇場』は昭和十一年、内田吐夢により最初に映画化されて以来、人気となり過去十数本の作品がある。中でもきわめつけは昭和四十三年、当時全盛を誇った東映仁侠《にんきよう》映画の力を背景に制作された同じ内田吐夢監督の『人生劇場・飛車角と吉良常』だろう。鶴田《つるた》浩二《こうじ》（飛車角）、高倉健（宮川）、辰巳《たつみ》柳太郎（吉良常）、藤純子（おとよ）等々、配役からも勢いが伝わってくる。

政治家を志した瓢吉（松方弘樹《ひろき》）は、学生運動や恋愛でおきまりの挫折《ざせつ》を味わい酒に溺《おぼ》れるが、やがて文学に自己の道を見出《みいだ》し、また老侠客吉良常から男の生き方を学んでゆく。瓢吉はある日居酒屋でばったり、尾羽打枯し泥酔《でいすい》した恩師黒馬先生（信欣三）に会い人生の転変を知る。その場面に出てくる明治の居酒屋の風を今に伝えるのが、創業明治三十八年の神田「みますや」だ。

おなじみ、赤い提灯《ちようちん》の縄のれんを開けると広い店内の黒光りする剛直な太い梁《はり》が明治の骨太さをみせる。天井の一角を占める地元神田明神祠《し》の青い榊《さかき》が清々《すがすが》しい。

東京神田は江戸っ子のメッカ。ぐずぐずノロマな田舎者は合わない。注文も威勢が大事で品書なんか見ないで座る前にポンポーンと言うのが江戸っ子だ。私もそれにならい「酒、それにヌタとコハダ！」。どうですこのタンカの切れ味と品選び。本当は語尾に「くんな!」とつけたかったけどナ。

古風な背高の徳利から蛇の目猪口《ちょこ》で一杯あおった。私も瓢吉同様、青雲の志を抱き上京してきた。しかしその夢は破れ今やこうして居酒屋評論家(何だソレ)なんてものになってしまったが、これも人生。まあいいではないか。

『人生劇場』といえば村田英雄《ひでお》だ。

〽やると思えばどこまでやるさ
それが男の魂じゃないか
ここで一発、高歌放吟したかったがやめて、あたりにきこえぬよう腹の中でひと節うなった。

さて、時代はさらに下り日本は未曾有《みぞう》の戦争を経て東京は焦土と化した。酒は配給制となりバクダンと称する荒っぽい合成酒が闇市《やみいち》で呷《あお》られ、人は食うため生きるために、なりふり構っていられなくなった。そんな戦後のエネルギーを見事な犯罪ドラマとして活写したのが昭和二十四年、黒澤《くろさわ》明の『野良犬《のらいぬ》』である。

バスの中で拳銃《けんじゅう》をスラれた若い警部三船敏郎《としろう》は責任感が強くスリ係のベテランから教えられた中年女を徹底的に尾行する。(この過程で戦後の東京焼野原がセミ・ドキュメンタリータッチで描かれる）女は最後に、ある居酒屋へ逃げるように入ってゆく。三船警部は自分は酒は飲まないからと、外の丸太を積み重ねた上でうずくまりじっと待つ。この後がいい。

ついに根負けした女は冷たいビールと焼鳥を一串《くし》持ち、外へ出て三船に「あんたも疲れたろ。これ飲みな。今どきあんたみたいなの珍しいね」とさし出す。そして事件のヒントを与え、ごろりと丸太に寝ころび、「きれいな星だねえ、わたしゃ星なんか見たのは何年ぶりだよ」と呟《つぶや》く。鬼のような顔をしていた三船も焼鳥を片手につい夜空を見上げる。

その頃の東京は夜は星が出ていたのだろう。星なんか見たのは何年ぶりと言う台詞は、苦しい戦争をのりこえ貧しくも平和の戻ってきた感慨のようだ。その間、手前で夕涼みに出た男がずっとハーモニカで「ドナウ河の小波《さざなみ》」を吹いているのも黒澤らしい音楽の使い方だ。

この時の串は恐らくモツ焼だろう。戦後、肉など夢の時代に居酒屋で大衆の胃袋を支えたのはモツ、ホルモンだった。貴重な栄養源として体を張った男たちは闇市の酒場でカストリ焼酎《しょうちゅう》とモツ焼に喰らいついていた。

そんな戦後の熱気をいまだに伝えるモツ焼屋が葛飾《かつしか》立石で戦後から五十年続く「宇

ち田」である。

駅前商店街の一角、大きなのれんから客が尻《しり》を歩道にはみ出して座っている。店の中はカウンターというよりは幅四十センチほどの板が縦横に走り、そこに一人客の中年男がびっしりしがみつく。出来るものはモツ焼、モツ煮込、モツ刺のみ。客のほとんどが注文する「梅割り」は、受皿付コップにタカラ焼酎二十五度をどぶどぶ入れ、すぐさま上から梅シロップをぶっかけて一丁上がりという荒っぽい代物《しろもの》だ。

三船はその後、復員兵を装《よそお》って〃ピストルを売る男〃と接触するため盛り場や特飲街をうろつく。この宇ち田にもやってきて目を光らせたかもしれない。

こういう戦後風のモツ焼酒場は今でも全国の町に点々と残る。男とは不思議なものでたとえ功成り、懐《ふところ》が温かくなっても、いやそうなればこそこういう酒場が忘れられないのだ。女性はランクが上がると次々に高級レストランへ行ったり身なりを良くするが男は後ろを振り返る。それは恐らく自分の過去を一人でかみしめに行くのだろう。酒場は捨てた自分と出会う場所でもあるのだ。

その時の友は堅いモツ焼だ。あの頃はこれをどん欲に呑《の》み込む胃袋のエネルギーがあった。人々から戦争の、そして戦後の苦しい時期の記憶がなくならない限りこの店は続くだろう。またそれは消えてはならないものなのだ。

宇ち田を出て京成電車のホームに立つと夜空に星が小さく光っている。まだ東京にも星があった。

さあて、そろそろ仕上げだ。映画に酒場をよく登場させたといえば小津安二郎だ。小津自身も大変な酒豪で、ホテルや山荘にこもり脚本作りにかかると廊下に一升びんの列が毎夜数を増していったという。小道具にうるさい小津のことだから当然、酒の場面でも細かい注文をつけていただろう。

戦後、そろそろ復興しはじめた世相をふまえ、彼は大学教授や会社重役など社会的地位のある人々をモチーフに日本人の落ち着いた生活の理想像を描くようになった。酒をのむ場所も高級になり小料理屋か料亭だ。その名は「多喜川」(『晩春』)、「田村」(『麦秋』)、「小松」(『東京暮色』)、そして最晩年の『彼岸花』『秋日和《びより》』『秋刀魚《さんま》の味』はすべて「若松」で、もうその都度店名を考えるのも面倒になったのかもしれない。あるいは同じテーマのバリエーションだからこれでよいのか。そこの女将《おかみ》を演ずるのはほとんどきまって高橋とよである。

その小津が時に顔を出したという銀座「はち巻岡田」ののれんをくぐった。言わずもがな、吉田健一、小林秀雄《ひでお》、山口瞳《ひとみ》ら錚々《そうそう》たる文士が通った名店である。

一階は割合小さく四人ほどのカウンターと小卓、すぐ左の座敷は障子で閉めきられている。文士の対談は、ここでするのだろうか。カウンターも机も美しい白木で店の灯りは目にやわらかく疲れない。酒は菊正宗《きくまさむね》。小ぶりの徳利から一杯やると樽香がい い。品書の数はあまり多くなく、もずくと鯛《たい》刺身を選んだ。

『彼岸花』(昭和三十三年)は小津のはじめてのカラー作品で、渋い日本調の色を予想した大方に反し、暖色系の豊麗な色彩で登場した。友人の娘の婚礼を終えいつもの「若松」で一杯やる佐分利信、中村伸郎、北竜二は功なり名とげた紳士ばかりだ。モーニングの上着をはずし、やりとりする小さな徳利は目にもあざやかな紅色である。赤はこの作品で随所に使われ画面に常に温《ぬく》もりと華やぎを与えている。小津は、はち巻岡田で一杯やりながら次作の美術構想を練ったかもしれない。店の壁の一部は割竹で化粧され、『彼岸花』の佐分利信が演ずる平山家の庭の塀と同じである。

上品に盛られた鯛はやわらかくとてもおいしい。追加の酒を運んできた白い割烹着《かっぽうぎ》の女性の顔を一瞬眺めた。ちょっと高橋とよに似て見え、「私の顔に何かついてますか?」と小津映画の台詞をひき出しそうになってしまった。

小津作品にはバーもよく登場した。「ルナ」(『彼岸花』)のママさんは桜むつ子。この人も小津組の常連で役どころはきまって水商売の女主人だ。

銀座のバーも昔風の気《き》っ風《ぷ》のいいママさんの小さな店は少なくなってきたという。七丁目裏「Jolly」の扉をはじめて押してみた。この横を入る小路左にあったラーメン店「東興園」は小津のごひいきで、名物鶏《とり》そばは小津の注文でつくらせた品という。私も銀座のサラリーマン時代、二日酔直しによく食べたものである。

「いらっしゃい……お初めて？」

「ああ、そうです」

優しい微笑がはじめての店の緊張を解く。カウンターに座りおしぼりで手を拭《ぬぐ》った。『彼岸花』で会社の部下・高橋貞二を連れた佐分利信は「ルナ」でハイボールを注文していたので私もそれに倣《なら》うことにした。

冷たい一杯を口にするとホッとし、そして軽く酔いがまわってきた。

「君、マイルドセブンはあるかね」

いつしか佐分利信になっていた私はいささかブキミであったろう。

居酒屋の真髄、「シンスケ」と「鍵屋《かぎや》」

最後に、私流の居酒屋の愉《たの》しみを存分に味わえる店を二軒紹介しよう。

東京湯島天神下、「正一合の店　シンスケ」は創業大正十四年、開店七十年をこえる東京の居酒屋を代表する名店だ。

玄関は清潔な縄のれんと白木の引き戸。店内は白木板をスッキリ使った大工棟梁《とうりよう》仕事の味。それも高級寿司《すし》店のような柾目《まさめ》銘木でなく、節のある板をあえて使っているのがよい。ただし見事な一枚板カウンターだけは代々伝わる誠に立派なものだ。

店には田舎くさい民具や、文化くさい民芸品などは一切飾らず、いつも青々とした榊《さかき》と御神酒《おみき》の上る湯島天神の神棚が空間をきりりとひきしめる。

大カウンター前には白徳利がずらりと並び、その上には値段明記の短冊《たんざく》品書が貼《は》り出され目を楽しませ、余計なものが何もない店内はまことに潔《いさぎよ》くキリリとしている。

東京っ子の価値基準は「粋《いき》と野暮」。ごたごた飾るよりも風呂《ふろ》上がりのさっぱりさ。ぐずぐずした理屈よりもスカッとしたタンカの切れ味だ。

そういうスッキリした〝東京風〟の美学で一本筋を通しているのがこの店の最大の魅力だ。私が感心するのは「江戸前」や「下町風」のレトロ趣味ではなく、あくまでも現代の日常の居酒屋としてそのポリシーを当たり前に通しているところだ。

酒は戦前から扱っている秋田の「両関」一種のみ。秋から冬には樽酒《たるざけ》も出る。「両関」は飲みあきないおだやかな酒だ。

肴《さかな》はすべて東京の正統的な居酒屋の肴ばかりだ。久里浜《くりはま》産の蛸《たこ》ぶつ（久里浜蛸はカニを食べているのでカニ風味がする）、きちんと作られたぬた、浅蜊《あさり》と豆腐の深川豆腐、いわしを粗めに叩《たた》いて揚げたいわし岩石揚げなどの定番から、新タケノコ若筍煮《わかたけに》、谷中生姜《やなかしょうが》、鮎《あゆ》、はも、なまりと新ごぼう煮などが季節を伝える。すべて大変洗練されながら懐石風の女性好みにならず、あくまで男らしくキリッとしている。

誰でも入れる市井《しせい》の居酒屋で、近くの東大、芸大の先生から早仕舞いの職人、この店に憧《あこが》れてやってきたらしき居酒屋好きまで、皆、自由闊達《かったつ》に酒を愉しみ、名店気どりの堅苦しさはみじんもないが、泥酔者《でいすいしゃ》や団体客はおらず、ひとしきり飲みきれいに帰る。客は皆、この店の雰囲気を愉しみ、かつ守ろうとしている。それを作り出しているのは三代目主人のザックバランながら気力のピシッとひきしまった覇気だ。

東京一の名居酒屋と誉れ高いこの店は平成四年に風格ある二階家を建て直しビルになると決まり、満天下のシンスケファンをやきもきさせた。しかし、およそ一年後の新開店では、ビルにはなったものの一階店舗は以前とほとんど変わらず、ファンをほっとさせた。長いカウンターは以前からのものだ。

これは居酒屋でもっとも大切なことをよく知っているからだろう。いくら、店は古い方が良いとはいえそれは客の身勝手な注文でもあり、天下の悪法、代替り相続や地上げ、あるいは単純に老朽化は避けられないことだ。それでも店の居心地を変えぬよう改装は最小限におさめるのが見識だ。最近、古い建築物を〝都市の記憶〟として残す動きが高まっているのは大変喜ばしい。居酒屋もまた〝店の記憶〟は客を引きよせる最大の財産だ。森下の「山利喜」も直したが一体どこを変えたのか分からない名改装（?）だった。

「シンスケ」は私の仕事場からも自宅からも遠いが、よし今日は行くと決めれば胸がおどる。また、これぞという人は連れてゆき必ず満足された。端正にして洒脱《しゃだつ》。落語家ならば惜しまれて早世した志ん朝の味である。

東京根岸の「鍵屋」はぐっと渋くなる。酒屋として創業したのは安政三年（一八五六）というから、東京の居酒屋としては恐らくもっとも古いだろう。戦後、居酒屋専門になり百年前の建物でそのまま飲ませる店として個性ある主人とともに文人や作家に愛された。昭和四十九年に道路拡張にともなってさほど離れていない今の場所に移転した。古い建物は文化財として東京小金井の「江戸東京たてもの園」に移築保存された。

ある日江戸東京たてもの園に古い鍵屋を見に行き、当時のままに皿小鉢、品書の置かれた店内を見て、私はかつて一度入ったことのあるのを鮮明に思い出した。展示された写真パネルの無口で頑固風の主人の顔にも見憶《みおぼ》えがあった。

現在の店もまことに渋い構えだ。もと踊りの師匠が住んでいたという大正期築木造二階家は戦前のたたずまいをもち、夕方になると暖簾《のれん》の出るのを待って常連が集まってくる。

先代が懇意の大工に好きなようにやれと腕をふるわせ改装したという店内は、太い梁《はり》や柱、格天井《ごうてんじょう》の剛直な造りの中に江戸指物師《さしものし》の粋な細工がほどこされてまるで別世界だ。前の店の天井裏からごろごろ出てきたという古い看板や徳利が飾られ、文化財級の銘酒美人画ポスターは季節に合わせて取りかえるほど沢山あるそうだ。

楓《かえで》のぶ厚いカウンターは七席、六畳ほどの小上がりには大小の卓が置かれる。開店と同時に入った常連はためらわずカウンターに座り、お互い話しもせず黙々と独酌し、三十分もすると、きれいにさあっと帰ってゆく。大体皆、酒二本に肴一、二品だ。恐らく毎日来ているのだろう。毎日来るから店の人と口をかわすこともない。酒は菊正宗《きくまさむね》、櫻《さくら》正宗、大関の三種。私はいつも櫻正宗の燗《かん》だ。古い燗付器の燗具合はピタリと一定し乱れることはない。

品書きは江戸東京たてもの園にあるものとまったく変わらない板書きだ。種類は少なく、およそ十五種の五、六百円どまり。大根おろし、さらしくじら、かまぼこなど渋いものばかりだ。毎度おなじみのお通し「みそ豆」がいい。

この店ほど燗酒の似合うところはない。私が東京の一番好きな季節である晩秋から初冬の頃、ここの小上がりに座り、にこごりや湯豆腐を肴に燗酒を一杯やるとつくづく東京の良さがわかる。その良さとは、市井《しせい》の古い小さな居酒屋で昔とかわらぬ酒の飲み方ができることだ。この愉しみは若い人にはわからないだろう。事実あまり若いのは来なく、女性だけの客はお断わりだ。無駄口ひとつないてきぱきしたサービスも江戸前で、九時にはもう店は閉まる。

「シンスケ」も「鍵屋」も、どちらの店も私はまだカウンターには座れない。もちろん座れば座れるけれど遠慮している。ゆっくり、歳《とし》を重ね、それが様《さま》になるようになったら席を移すつもりだ。

妙なたとえになるけれど、どちらも「故人は生涯、居酒屋シンスケ（鍵屋）を愛し……」と語られるのにふさわしい名店中の名店だ。

居酒屋の流儀

居酒屋で自己回復が、中年からの自立ができる、などと真面目《まじめ》に思っているのではない。逆に身を持ちくずすかもしれない。居酒屋は宗教ではないが、宗教だって身を持ちくずすことがある。

ひとつは、大人の愉《たの》しみだ。自宅と勤め先以外にもうひとつ自分の居場所をつくり、時々そこへ顔を出す。中年からの人生の時間の使い方とよく言われ、趣味をもつ、パソコンに取り組む、サークルに入る、資格をとる、山へ登る、もう一度勉強する、等々いずれも大変結構だ。その手っとり早いところとして居酒屋はどうだろうかというこ とだ。孤独を愉しむ、あるいは主人との世間話を愉しむ、知らない町を歩きそこの居酒屋へ入ってみることを愉しむ。第一、酒を愉しめる。

仕事でもなく、親戚《しんせき》でもなく、趣味のサークルでもない第三者と顔見知りになり酒を飲むのも、気が合えば面白いことだ。プライベートな話は避け、あまり親しくなり過ぎないのがコツと思うけれど、近づきすぎたら店をかえればよい。居酒屋にはハシゴという奥の手（?）がある。誰か友達と、「ちょっと○△で一杯やるか」と呼び出すのもいい。大した話はないけれどひまつぶしに相手がほしい。

成長した子供がいたら、時には誘ってみるのはどうだろう。特別な話とか説教があるのではないとわからせるのがこれもコツだ。なんとはなしに親父《おやじ》と一杯やれたという安心感は案外、子供によい思い出をつくるかもしれない。家では「おい、一杯やるか」と誘っても、母親がいたり、テレビを見たりでつき合ってくれてもぎこちないが、思い切って外へ連れ出すのがよい。母親がついてこない事が絶対条件だ。「親子だけど男同士、カタいこと抜きで一杯やるか」それが大切だ。うまくゆけば、酒とは何とよいものかと思うに違いない。

その時、なじみの居酒屋がものを言う。「やあ、いらっしゃい」と主人のニコニコ顔がほしい。「これ、息子」と堂々と紹介しよう。なじみの客の息子をみて目を細めない主人やおかみさんはいないだろう。

「へーえ、大きな息子さんいたんですねえ」

「やっぱり似てるわね。背はお父さん超したわね」

「親父に似て酒のみですか？　何、修業中？　ヨーシ、ウチで存分に勉強させましょう」

大人にからかわれ、照れながらも子供は嬉《うれ》しいだろう。何よりも父親が大人の場所で堂々と、自然体のつき合いができているのが誇らしいはずだ。それには、それにふさわしいなじみの店をつくっておかなければならない。そのうち息子も一人前になり、親父よりも回数多く通うようになればこれはまた楽しいことだ。

「こないだ息子さん来てましたよ。へへへ、彼女つれて」

「なに！　どんな娘だ」

「へへへ、内緒って言われてるんですがね」

気色《けしき》ばむのも面白いことではないか。うーん、もしうまくいったら、式にはここの親父もよんでやるか。早くもそんなことまで思いがすすむ。

そしてそのうち自分も死ぬ。葬式のあと、息子はこの店へくるかもしれない。そうしてまた、私のようになっていくのだろう。

「親父とこの店でよく飲んだんだ。はじめて親父と外で酒飲んだのもここだった」

そんなことをまた彼の息子に言うのかもしれない。

——そういう店を持ちたいではないか。もちろん娘でも、あるいは女房でもよい。女房もヘンな店で飲んでるのではないと分かれば安心だろう。都会に住む愉しみのひとつはこういう所にあると思う。あまり他人に干渉しすぎないのが都会の良さだ。知っていても尋ねられなければ口にしない。しかし、いざという時は力になる。それには日頃のつき合いだ。

居酒屋では一言でいえば「粋《いき》に」飲みたい。自宅ならばパジャマで飲もうが何でもＯＫだけれど、外ではこれも社交だ。あの人が来ると何か店が上品になっていいね、こう言われるようになろう。

仕事、家庭以外にもうひとつの居場所、世界を持つとはこのことだ。ひとつの町、地域に自分をなじませる。それは仕事とも家庭とも違うことだ。それには肩書も氏素姓もすべてはずした、その人の器量がそのまま表われ、裸の自分を知ることになる。そこがいい。

心をゆるし、家族も連れてこられるなじみの店ができたら、たまにはその世界から離れ、一人でどこかへ行こう。目的は酒を飲むことだけだ。人間は最後は一人だ。その練習をしよう。一人になって何をする。それには酒を飲むのが一番ふさわしい。

――これが私の居酒屋の流儀だ。

あとがき

この本は、書き下ろし単行本『居酒屋の流儀』を親本とし、雑誌「味の手帖」に連載した「私説居酒屋考現学」と、そのほかに発表した原稿を加えて一冊にした。『居酒屋の流儀』は中高年向け居酒屋のすすめ、という要請で書いたもので、内容が分別くさいのはそのためだ。「私説居酒屋考現学」は居酒屋の道具立てについての連載が、後半は各地の居酒屋旅に変わった。「シブイ肴《さかな》」は「新潟日報」に書いたコラムで新潟びいきになっている。

本ができて編集者に訊《き》かれた。

「で、タイトルはどうしましょう」

「うーん、……居酒屋入門、じゃ芸がないな。超・居酒屋入門はどうだ」

「わはははは」

笑われて放りだしておいたが結局これになった。何だか解《わか》らないところがミソだ。

タイトルを決めてからその意味を考えた。私流の居酒屋の楽しみ方に、「超」をつけるゆえんは、居酒屋に入ることにより人間として自立しようという壮大な（？）狙《ねら》いにある。酒飲みの誇大な大義名分もはなはだしいが、まあ許してください。

そんな本に、文、食ともに大先達の、東海林《しょうじ》さだおさんにはカバーイラストを、渡辺文雄さんには解説をいただくという光栄を得て恐れ入るばかりだ。お二方はじめ、編集者、読者の皆様、そして親本を作ってくださったIさんに、心よりお礼申し上げます。

平成十五年三月

太田和彦

自分の椅子《いす》を探して

渡辺文雄

居酒屋で、ひとり杯を傾けている男がいる。

カウンターの隅にさりげなく座して、すこし背中を丸めながら、彼は静かに酒を愉《たの》しんでいる。

その周囲を、おだやかな空気がとりまいている。ゆったりとした時間が流れていく。

太田君の本を読んでいるといつも、居酒屋にいる彼の姿が浮かんでくる。

そしていつのまにか、私も、居酒屋に座しているような心持ちになってくる。

夢想の中で、太田君と私はカウンターに並んで腰掛け、それぞれの思いに耽《ふけ》りながら杯を見つめている。

ときには酒を酌《く》み交わしながら語らっていたりする。

あるいはまったくの他人のように離れて座り、ただ黙々と酒を呑《の》んでいたりもする。

そんな情景が浮かんでは消えるうちに、居酒屋でしか味わえない、ゆるやかな充足感が私の中に満ちてくる。

本を閉じる。

軽い酩酊感《めいていかん》が残っている。

太田君の本は、「酔える本」なのである。

＊

なぜ、酔わされてしまうのだろう。

太田君は、居酒屋のたたずまいを描くのが抜群にうまい。

酒や肴《さかな》の味を描くのもうまい。それに詳しい。

読んでいると、居酒屋が目の前に浮かぶようだし、酒や肴についてのいろいろなことがわかってきて、楽しい。

けれども、それだけでは、ここまで酔えるものではない。

こうした部分は、太田君の本のなかでは、いわば「ツマ」だからだ。

では「本体」は何か。

それは、居酒屋の空気感だ。

太田君は、居酒屋に漂っている空気感を、精魂を込めて本に詰めこむ。

ページを開くと、そこに封じられていた空気感が、香気とともに立ち昇る。

これが太田君の本の真髄で、わたしは、いつも陶然とさせられてしまうのである。

もうひとつ、太田君の本に、濃密に詰められているものは「時間」だ。

居酒屋に限らず、店は人間の手によって作られるものだと思われている。

どんな建物で、どんな調度を置き、どんな食器を使うか。料理や飲み物は何を用意するか。どのように客をもてなすか。

こうした要素が、店の雰囲気を決定するのは確かだ。

けれども、人間のなしうることより、「時間」はずっと多くの作用を店にもたらす。

古くからある居酒屋が持っている、独特の美しさ。それは時間だけに作りだすことができるものだ。

太田君はそれを見逃さず、かならず描き尽くす。

だから、太田君の本を読んでいると、いつしか「過ぎた時間」への思いが高まってくる。なぜか、若い頃の自分を思い出したりもする。

まるで、居酒屋のカウンターで、ひとりもの想《おも》う時のように。

＊

居酒屋から居酒屋へと、太田君は長い旅をしてきた。

東京から始まって、いつのまにか全国津々浦々をめぐるようになり、各地で出会った居酒屋や、地酒や名産の肴を、独特の文章で次々と伝えてくれた。

けれど、太田君自身にとっての、旅の目的は何だろう。

居酒屋をめぐる彼の旅は、はしご酒に似ていると、私は思う。

はしご酒の目的は、実は酒ではない。

椅子なのだ。

今宵《こよい》、心おきなくくつろぐことのできる椅子。いちど座ったらもうどこにも行きたくなくなるような椅子。そんな椅子を探して、人ははしご酒を繰り返す。

もちろんそんな理想の椅子が、簡単に見つかるはずもない。

それでも、どこかにきっとあるはずの、究極の椅子を求めて、太田君は今も旅の途上にいる。


（平成十五年三月、俳優・エッセイスト）

この作品は平成十年十一月講談社より刊行され、
文庫化にあたり大幅に加筆した。

超《ちょう》・居《い》酒《ざか》屋《や》入《にゅう》門《もん》

新潮文庫　お－52－4

平成十五年五月一日 発行
平成十七年一月二十日 六 刷

著者 太《おお》田《た》和《かず》彦《ひこ》

発行者 佐藤隆信
発行所 株式会社 新潮社
郵便番号 一六二―八七一一
東京都新宿区矢来町七一
電話 編集部(〇三)三二六六―五四四〇
読者係(〇三)三二六六―五一一一
http://www.shinchosha.co.jp

価格はカバーに表示してあります。

乱丁・落丁本は、ご面倒ですが小社読者係宛ご送付ください。送料小社負担にてお取替えいたします。

印刷・株式会社三秀舎　製本・加藤製本株式会社

ISBN4-10-133334-3 C0177